JN074603

バドミントン
勝利につながる
競技力向上トレーニング
体づくり

筑波大学バドミントン部総監督
吹田真士　著

メイツ出版

はじめに

　近年、日本バドミントンのレベルが世界的にも高くなっている。男子の桃田選手が世界ランキング（2019年1月現在）1位、女子の山口選手が同ランキング3位、奥原選手が4位。女子ダブルスも同ランキングで5位以内に3組の選手がランクインしている。

　日本代表のレベルが向上した理由は、大きく分けて3つ。一つ目は、代表強化チームスタッフのレベルが上がったこと。パクヘッドコーチなど世界で戦った経験のある指導者が数多く加入することで、世界水準で考えられるようになった。

　二つ目は、ナショナルトレーニングセンター（NTC）が開設されたこと。それまでは各選手が所属チームで練習を行い、各自で強化をすることが中心であったが、NTCができたことで国内のトップ選手たちが一ヶ所に集まり、一緒にトレーニングできる機会が増え、効率的に高いレベルの練習が行えるようになった。

　三つ目は、日本バドミントン協会のアクションプランが示され、新しい指導者養成制度がはじまったことである。JOCゴールドプランの構成を踏まえ、指導者養成及びナショナルチームの強化とジュニアの育成

が、三位一体で進められることになった。このことにより、全国どこからでも優秀な選手が輩出される仕組みができ、その結果バドミントン界のすそ野が広がっていった。

指導者向けプランの構築にあたっては、伝統的なトレーニングだけに捉われるのではなく、海外や他分野からでも良い情報があれば取り入れ、根拠のあるプログラムを皆で考えるようになった。

その結果、育成世代の選手層に対しても、新しい練習やトレーニングが取り入れられるようになったが、浸透しきったとはいえず、今は過渡期でもある。

指導者養成講習会では、今後さらに代表チームやトップ選手たちの練習について、情報を共有し、バドミントン界として一貫指導の体制を築き上げようとしている。

現在のバドミントン選手の飛躍は、バドミントン界に携わる多くの人々の協力と研鑽によるものである。

私自身、指導者として今後のさらなる国際競技力の向上や競技発展のために尽力していきたい。

筑波大学バドミントン部総監督
吹田真士

この本の使い方

この本では、バドミントンに取り組む選手が上達するための練習法やノウハウを解説している。各トレーニングには、テーマや目的があるので、自分のプレースタイルや課題などを理解した上で取り組もう。

各ページにある「POINT」に対して、写真解説を見ながら動作をマスターしていく。トレーニングを実践していくことで、基本的な技術はもちろん、試合で使うテクニックを身につけることができる。

最初から読み進めることが理想だが、「ここが気になる」「どうしてもマスターしたい」という項目があれば、そこだけをピックアップすることも可能。得意なプレーを伸ばす・弱点を克服するなど目的にあわせて課題をクリアしていこう。

タイトル
トレーニングの目的や鍛えられる体のパーツなどを提示。テーマや課題を明確にして取り組むことでトレーニング自体の質をあげる。

補助者による徒手抵抗①②

POINT
09
軸を固定しながら
身体の可動域をアッ

徒手抵抗①

1 ドローインした
状態からスタート

2 胸椎が回旋した状
元に戻そうとする

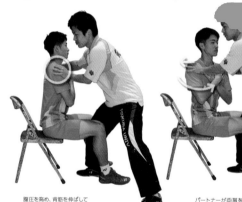

腹圧を高め、背筋を伸ばしてイスに浅く座る。

パートナーが両肩を
片側に身体を捻った
ら元に戻そうと力をと

軸をまっすぐにして体をまわす

身体を動かしていくことで、可動域は徐々に広がっていく。反動をつけたり、パートナーの力でまわるのはNG。背スジをまっすぐキープしながら、自分の力で身体をまわしていく。

エクササイズの動作中
した状態で行うことがオ
高めることで身体の軸を
行う。このドローインは
意識することが基本。

28

解説文
トレーニングについての基礎知識や動作の流れを解説している。トレーニングを頭で理解し、写真をイメージすることで相乗効果をアップ。

PART 2

アイコン・回数

そのページで解説している練習の目的や鍛える筋力について、アイコンやピラミッド図を使って示している。トレーニングの回数も自分のスキルにあわせて取り組んでみよう。

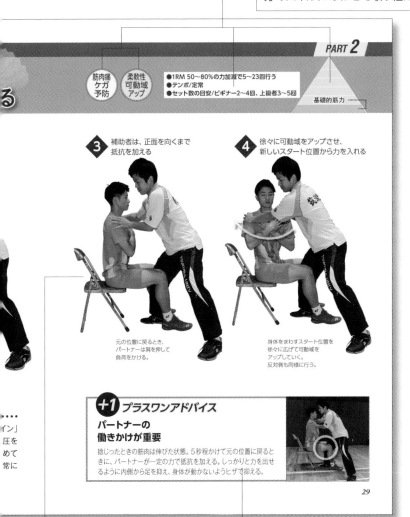

筋肉痛ケガ予防	柔軟性可動域アップ

●1RM 50〜80%の力加減で5〜23回行う
●テンポ/定常
●セット数の目安/ビギナー2〜4回、上級者3〜5回

基礎的筋力

3 補助者は、正面を向くまで抵抗を加える

元の位置に戻るとき、パートナーは肩を押して負荷をかける。

4 徐々に可動域をアップさせ、新しいスタート位置から力を入れる

身体をまわすスタート位置を徐々に広げて可動域をアップしていく。反対側も同様に行う。

+1 プラスワンアドバイス
パートナーの働きかけが重要

捻じったときの筋肉は伸びた状態。5秒程かけて元の位置に戻るときに、パートナーが一定の力で抵抗を加える。しっかりと力を出せるように内側から足を抑え、身体が動かないようヒザで抑える。

29

写真解説

トレーニングの流れを順番に解説していく。動作上のポイントは太字で、身体の動かし方や意識する点は写真キャプションで解説している。

プラスワンアドバイス

間違ったトレーニングだと効果が得られない。動作する上での注意点をチェック。応用のトレーニング方法を知っておくと練習がマンネリ化しない。

CONTENTS

PART1

バドミントン選手の フィジカル

POINT 01 体力をベースに 心技体と戦術を高める

基礎体力が競技力向上の下支えとなる

スポーツ選手は心・精神（メンタル）技（テクニック）体（フィジカル）、そして戦術（タクティクス）バランスが整ったとき、最大限のパフォーマンスが発揮できるといわれている。バドミントンの競技力も例外ではないが、整えていく順番については考えていかなければならない。

特にバドミントンのヒッティング技術や必要な動作を高めていくときは、その土台となる基礎の「体力」が備わっていることが必須。それが高いレベルでトレーニングを積んでいく下支えとなり、ケガ防止にもつながる。

仮にバドミントンIQが高く戦術眼に優れ、すばらしいテクニックを持ち合わせていても、肝心のゲームで体力が続かなければ宝の持ち腐れとなってしまう。心技体・戦術のバランスは、あくまで「体」のベースがあって成立するものと理解しよう。

日頃からオンコートだけでなく、オフコートでの走り込みやスタミナアップの練習で基礎体力を高めておく必要がある。

コツ 1

心技戦術を大きく左右する
体力 (フィジカル) を高める

バドミントンは技術的要素が勝敗に大きく関わる競技である。しかし、「心・精神」や相手とどのように戦うかといった「戦術」も非常に重要である。「体」つまりフィジカルは、これら「技」や「戦術」の習熟を最適にするためにトレーニングする必要がある。

コツ 2

トレーニングの土台となる
基礎体力 (酸素摂取能力・正しい姿勢)

競技力を向上するためには、バドミントン特有の技術や動作を身につけ、高める必要がある。しかし土台となる基礎体力がなければ、練習を継続できなかったり、正しいフォームを維持できず、トレーニングの狙いとはかけ離れた内容になってしまう。

コツ 3

「体」をベースに
「心」「技」「戦術」を積みあげる

しっかりした基礎体力の「体」があれば、それをベースに「心」「技」を積みあげていくことができる。ベースが整っていなければ、「技術を発揮し続ける体力がない」「戦術を駆使する意志が伴わない」など悪循環となる。

+1 プラスワンアドバイス

ケガ防止につとめ
トレーニングを継続する

ケガはスポーツ選手にとって致命傷となりかねない。試合や練習に参加できないだけでなく、選手として成長する機会を奪ってしまうかもしれない。不幸なことにそうなってしまっても後悔しないだけの取り組み（予防やトレーニングなど）ができていることが大切。

POINT 02 6つの筋力を鍛えてスキルアップする

メニューを組んだり、エクササイズの回数を決めるときは、「1RM (1 repetition maximum)」を基準にする。

高い強度が要求される

プライオメトリック

最大エキセントリック筋力
1RMの105〜150%　1〜5回

爆発的筋力
1RMの50〜80%　2〜12回

最大コンセントリック筋力
1RMの80〜100%　1〜8回

筋持久力
1RMの40〜70%　10〜40回

基礎的筋力
1RMの50〜80%　5〜23回

BO：1996 を改編

カテゴリ	テンポ	セット数(回)	
		ビギナー	上級者
プライオメトリック	―	―	―
最大エキセントリック筋力	定常	2〜5	4〜8
爆発的筋力	爆発的(ゆっくり戻し素早く)	1〜4	2〜6
最大コンセントリック筋力	ゆっくり力強く	1〜3	3〜6
筋持久力	素早く	2〜4	3〜5
基礎的筋力	定常	2〜4	3〜5

ピラミッド図でトレーニングの段階性をチェック

　バドミントンに必要な筋力は、大まかに6つに分けて考えられる。上図にあるピラミッドは、それをイメージしたもので回数はトレーニングの目安となり、上にいくほど多くの回数で実施されないことが多い。

　まずピラミッドの底辺には、酸素を取り込むための「基礎的筋力」が土台としてある。その上に、持続的かつ反復的に運動を行う「筋持久力」、そして意図を持ったプレーのために重要な「最大筋力」や「爆発的筋力」が位置づく。

　筋肉が力を発揮する際には、いくつかの収縮の仕方がある。縮みながらの力発揮がコンセントリック、伸ばされながらの力を発揮するエキセントリック。私たちはあらゆる動作において様々な収縮を組み合わせ運動を表出させている。これらの収縮の仕方を理解することは重要。バドミントン選手は非常に巧みな動作が要求されるので、これを可能にする複雑かつ合目的なトレーニングである「プライオメトリック」が最上位に位置づくことになる。

　これらをまんべんなく鍛えていくことで、バドミントン技能を高めることができる。

コツ 1

筋肉にどのような
「性質をもたせるか!?」を考える

トレーニングの仕方によって、筋肉が備える性質が変わってくる。持久的にしたいのであれば、軽めの負荷（40～70%）で可能な限り速いテンポで運動を行う必要があるし、爆発的にしたいのであれば、運動の切り返し部分（伸ばされて縮める部分）を爆発的に実施する必要がある。

コツ 2

セット数はトレーニングの
習熟度によって変わる

1年以上継続してトレーニングをしているか、していないかで、ビギナーと上級者に分けてみたい。ビギナーは各トレーニングを1～5セットを目安に、上級者は2～8セットを目安に実施してみよう。セット数は徐々に高めていくようにしたい。

コツ 3

プライオメトリック・
トレーニングとは

台上から跳び降りてすばやく跳びあがる、といった接地時間を短縮させる意識で行うものが代表例。しかし、それだけではない。そのような高強度のものも重要であるし、緩急や強弱を自在に扱えるような身体にするための、様々な負荷のかけ方を考えられると良いだろう。

+1 プラスワンアドバイス

1RM を基準に
エクササイズ数を決める

1RMとは、正しいフォームで1回だけ実施することができる最大重量。この負荷に対して何パーセントの力で何回行うかで、エクササイズの狙いと回数が決まる。1RMはフィジカルのアップとともに進化していくので、定期的に把握しておくことがポイント。

POINT 03 目的を明確にして トレーニングに取り組む

トレーニングの目的を理解する

「走る」ことを主体とするトレーニングにしても、ただ走れば良いというものではなく、目的や狙いによって内容が変わってくる。「走る」こともバドミントンのために重要なトレーニングの1つではあるが、オンコートやオフコートでの様々なトレーニングを配置し、使える時間の中で合理的に強化していくことがポイントだ。

さらに、ラケットを使うトレーニングの中でも実際にシャトルを打つトレーニング、シャトルを打たないことが望ましいトレーニングもあれば、

フットワークを強くするためのトレーニングにも、移動の開始場面なのか、足の運び方なのか、トレーニングは多様である。目的別に、段階的に取り組んでいきたい。

筋力トレーニングを実施する際には、特に発育段階を考慮することが重要である。骨と筋肉の発育にアンバランスの生じる中学生年代では、特にケガに対する注意が必要だ。年間の身長の増加量から、PHVを推定し、タイミングを逃さない適切なプログラムを組むことが大切だ。

ウォーミングアップと
クールダウンでケガを防止する

ケガ防止のためにウォーミングアップや補強トレーニングは、練習の導入で必ず取り入れたい。様々な工夫をし、パフォーマンスを高めるために体温をあげていく。練習の終わりにはクールダウンのリジェネレーションを行い、疲労軽減につとめる。

根拠のある回数・時間で
練習に取り組む

「腹筋50回！スクワット100回！」という根拠のない形で示されるトレーニングでは上達できないだけでなく、ケガの要因となってしまうので注意。バドミントンのための動作づくりや強化に、どのようなトレーニングが必要なのか、しっかり突き詰めて取り組む。

二つのアプローチから
「動きづくり」を高める

バドミントンに必要な動きづくりには、大きく分けて二つある。ひとつはラケットのスイングとコンタクト能力を向上させるための動きづくり。もうひとつは体勢を崩すことなく、シャトルの落下点にすばやく入り、ヒッティング後はすばやく戻るための動きづくりだ。

+1 プラスワンアドバイス

バドミントン選手は
バドミントンの動きで
最も激しく運動ができる

水泳選手は、陸上よりも水の中で巧みに動けるようだ。一方、長距離選手よりもラグビー選手の方が長時間の切り返しの運動能力に優れているようである。バドミントンに類似しない運動でトレーニングをしても効果は薄い。バドミントン選手はやはりオンコートでのバドミントンの動きが得意なのである。最終的にはバドミントンの動きでトレーニングをする必要があるのだが、基礎体力である酸素摂取能力は土台づくりに欠かせない。

POINT 04 選手としてのタイプをイメージする

シングルスタイプはマラソン中長距離に長けた体型が多い。

ダブルスタイプは、瞬発力に優れたスプリンターのような体型が多い。

男子代表	シングルス (4名)	ダブルス (7名)
年齢(歳)	24.3 ± 3.2	25.1 ± 4.8
身長 (cm)	176.6 ± 4.3	169.9 ± 2.8
体重(kg)	69.1 ± 2.1	67.2 ± 6.0
体脂肪率 (%)	9.3 ± 2.1	12.8 ± 5.1
除脂肪体重(kg)	62.7 ± 1.7	58.5 ± 6.0
LBMI (kg/m²)	20.1 ± 0.5	20.2 ± 1.7

女子代表	シングルス (4名)	ダブルス (8名)
年齢(歳)	22.8 ± 2.9	24.1 ± 2.4
身長 (cm)	161.5 ± 6.8	164.7 ± 4.8
体重(kg)	59.7 ± 7.3	57.6 ± 3.4
体脂肪率 (%)	15.9 ± 6.4	16.4 ± 1.8
除脂肪体重(kg)	50.3 ± 8.0	48.1 ± 2.9
LBMI (kg/m²)	19.2 ± 1.4	17.8 ± 1.2

[Chino et al.(in press) を改編]

体型からシングルス・ダブルスの適性がわかる!?

バドミントン日本代表の測定では、LBMI（除脂肪量身長比）という指標で評価し、シングルスタイプ、ダブルスタイプ（前衛・後衛）それぞれの数値を導き出している。陸上選手なら前者は、マラソンや中長距離ランナー、後者はスプリントのランナーに例えられる。

体力測定で運動能力を把握することはもちろん、自分の選手としてのタイプを体型からイメージしてみよう。

女子選手なら手足が長く、身長が高いすらっとしたタイプと小柄で瞬発的な力を発揮できる筋肉質タイプに大別される。体脂肪が多い傾向にあると思われがちな女子選手もトップ選手である山口選手や奥原選手は、極めて体脂肪は少なく、骨太な体型だ。自分の現状と比べてみると良いだろう。

BMI ＝ [体重 (kg)] ÷ [身長 (m) の2乗]
LBMI ＝ [除脂肪体重 (kg)] ÷ [身長 (m) の2乗]

PART2

ウォーミングアップは
トレーニングの一部

POINT 05
あらゆる方向に動き出せる姿勢をつくる

バドミントンの基本的な姿勢

バドミントンの競技特性を考えた場合に、相手のストローク（仕掛け）に対して、あらゆる方向にすばやく動き出せる体勢で準備しておくことは必須である。こうした体勢のことを、BFP（Badminton Foundamental Position バドミントン基本的姿勢）と呼んでみたい。

BFP は、コアが安定しピラーが立っていること。ヒザが軽く曲がり、前後左右上方向へのすばやい重心移動が可能に

なっていることが条件である。

また、地面と接する足で形成される面を基底面と呼ぶ。実際の競技の場面では、横方向への移動を優先させる基底面を横にした状態での体勢、前後方向への移動を優先させた基底面を縦にした待ち方など、状況によって待ち方を変えていることが特徴的である。

POINT
06

身体の使い方や姿勢づくりを
ウォーミングアップに取り入れる

腹圧を高めコアを安定させる

　本格的なトレーニングに入る前に、バドミントン選手としての基本的な身体の使い方や姿勢をウォーミングアップで学んでいこう。そうすることで、以降の様々なトレーニングを正しいフォームで行うことにつながる。

　バドミントンのラリーでは、自らが生み出すストロークによって相手の体勢を崩しスタートを遅らせたり、相手の予測を裏切ったりする。また力強いストロークによって、相手の受ける能力を上回ろうとする。こうしたストロークプ

ロダクション（ストロークの生み出し方）を適切に行うためには、コアが安定し機能的である必要がある。そのための様々な手法がこれまでにも紹介されているが（例えばドローイン）、腹圧が高まっていることが重要である。

　最初に簡単なエクササイズ（フロントブリッジ）でコアが安定した身体の支柱(ピラー)が形成されるためのフォームを確認しよう。その上で、補強トレーニングや様々なバドミントンのトレーニングに取り組むと良いだろう。

※体幹：胴体と肩関節、股関節から成る部分

POINT 07 ドローインした状態で さまざまな動作をする

フロントブリッジ

1 ヒジと足で支えながら
ドローインして姿勢を保つ

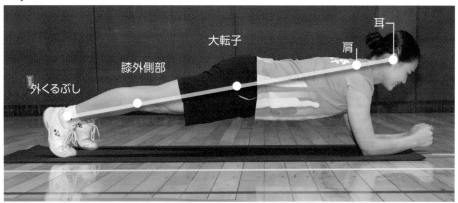

耳
肩
大転子
膝外側部
外くるぶし

下腹部に力を入れて腹横筋を
活動させたい。
床についているヒジと足は支える程度。

尻があがったり、ヒザや頭がさがって
しまうと身体の軸がまっすぐ保てない。

軸をキープしながら「ドローイン」をチェック

コート内を縦横無尽に走りまわり、どんな体勢からでも正確なショットを打てるようになるには、身体の支柱 (ピラー) が起きている必要がある。そのためには、コアの筋肉が活性化されていることが重要だ。

コアの筋肉とは、脊椎まわりや股関節、肩関節周りのインナーマッスルをはじめ、腹横筋などの動作の起点となる筋肉群だ。

基本的なフロントブリッジでは、そこから大きく身体を動かすわけではないが、姿勢を維持することで、腹圧が高まりやすい状況にあるかどうかを確認できる。

筋肉痛
ケガ
予防

動作
身体
キレ

●姿勢づくりが最優先
●徐々に時間や回数、バリエーションを増やす

基礎的筋力

2 片腕をあげて
目線を指先に向ける

背筋を伸ばして大きくゆっくり呼吸を行い、
ドローインの状態から、床から離した腕を肩から前に伸ばす。
このとき目線は指先を見る。

3 コツをつかんだら
徐々に負荷をアップする

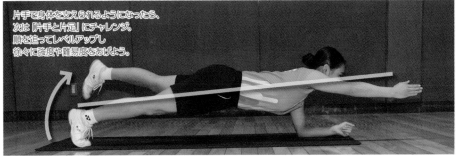

片手で身体を支えられるようになったら、
次は『片手と片足』にチャレンジ。
順を追ってレベルアップし
徐々に強度や難易度をあげよう。

+1 プラスワンアドバイス

真横からだけでなく
上からも姿勢をチェック

片足や片手を地面から離した際に、地面と接しているヒジから前腕、
足に体重を乗せてバランスを取ることが目的ではない。グラグラしな
いようにコアの筋群を働かせてピラーが崩れないようにしたい。

NG ✕

POINT 08 新しいダイナミックストレッチで身体の深部をあたためる

 インバーテッド・ハムストリングス
両手を真横に
広げて片足で立つ

両手を広げたまま
上半身を前に倒す

直立の姿勢から
両手を肩の高さ
で床と平行にな
るように広げて、
背を高く保つ。

上体を前に倒しながら片足立ちを
キープ。足先から頭までが一直線に
なるようにする。腰のラインを床と
平行にし、身体が傾かないように。

深部から体温をあげてパフォーマンスを向上する

　ウォーミングアップの目的は、深部から体温をあげること。体温が1℃あがることで、生体内の代謝が13％も高まると言われている。結果的に筋肉の伸張性が高まりケガの予防につながったり、高いパフォーマンス発揮が期待できるわけである。

　ムーブメントプレパレーション（MP）では、1つの筋肉に絞ってストレッチするのではなく、動作を通して筋群を動的伸張させるところに特徴がある。つまり、動作の中での最終可動域付近ではある筋群がストレッチされるわけであるが、実際の運動時には、そこで終わらずに、その筋は短縮しながら収縮することが多い。

　ムーブメントプレパレーションでは、そのこ

とを踏まえ、ストレッチされた筋群は使う（ストレッチ＆オンする）ところまで意識する。また、可動域は少しずつ広がっていくことから、身体が可能な運動の大きさをその都度、確認できる。ピラーが崩れないようにコアを形成するたくさんの筋肉が一斉に活動することで深部体温が高まり、単一の平面だけで運動するのではなく、複雑な運動を行っていることも重要なポイントである。

　右ページ以降はムーブメントプレパレーションの代表例である。限られた時間のなかで、深部から体温を上げるために実施してみよう。ランニングや他のトレーニングと組み合わせることで、より発展的に実施できるだろう。

筋肉痛
ケガ
予防

柔軟性
可動域
アップ

●無理のない範囲で5回程度
●徐々に増やす

基礎的筋力

 1 ヒップクロスオーバー①

仰向けになり
ヒザでボールをはさむ

ボールをはさむことで、内転筋が収縮し、
結果として腹横筋を活動させやすく（ド
ローイン）することを狙う。

仰向けになってヒザでボールを
はさみ、足裏を床につけたとこ
ろからスタート。腹圧が高まる
ことを意識しよう。

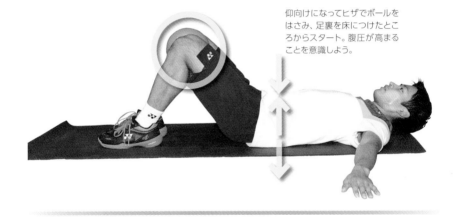

 2 ボールをはさんだまま
両足を横に倒す

ドローインした状態を維持しながら、
ボールをはさんだまま床に近づける。
肩が床から離れないようにしょう。

 3 反対側も同様に
両足を横に倒す

胸部から腰部にかけてのストレッチ
感の後に、そのままその筋群を使う。
その勢いのまま反対側に倒す。

ヒップクロスオーバー②

ヒザにボールを
はさんだまま両足をあげる

仰向けになって両腕を横に伸ばし、
ヒザにボールをはさんだまま、床と
平行になるように両足をあげる。

 2 ボールをはさんだまま
両足を床につけず倒す

両足を床から浮かせたまま、
ボールが落ちないように横へ倒す。

3 両足を浮かせたまま
反対側に倒す

動作中は常にドローインした状態。両足を
浮かせたままの動作で、背部が床から離れ
ないように腹圧を保つ。

 ヒップクロスオーバー③

仰向けになり内モモに
ボールをはさみ両足をあげる

内モモにボールをはさみ、
足裏が真上に向くように
両足をあげる。

2 両足をまっすぐ
横に倒す

ボールをはさんだまま、
両足をまっすぐしたまま横に倒す。
両足は床につけない。

 3 両足を浮かせたまま
反対側に倒す

ヒザは可能な限り伸ばしたまま、脚を
倒す。ヒップクロスオーバーの①＜②
＜③で負荷が強くなる。無理のないと
ころから始めよう。

スコーピオン

1 両足はまっすぐ伸ばし
うつ伏せになる

うつ伏せになり、両腕は肩の
高さで横に伸ばす。両足は力
を抜いて自然に伸ばす。

2 うつ伏せのまま
片足を反対側の手に近づける

最初の状態から胸が浮かないよ
うにし、足を対側の手へ近づけ
る。無理せず徐々に運動を大き
くしたい。

3 もう片足を
反対側へ伸ばす

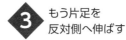

最初の状態に戻り、逆足を反対
側に同様に近づける。
ストレッチ＆オンを忘れない。

カーフストレッチ

1 床に両手をつき
右足を左足のカカト部分に重ねる

腹圧を高めピラーが崩れないようにする。

2 右足で左足のカカトを
押しさげながら左ヒザを曲げる

ヒザを曲げて行うと
ヒラメ筋、ヒザを伸
ばして行うと腓腹筋
が伸びる。

2 左足カカトは床から離れず、ツマ先を
スネに近づけながらふくらはぎの
筋肉を伸ばす

カカトを押しさげるときに息を吐き、
そこで1カウント止める。反対側も同様に行う。

ドロップランジ

1 両手を胸の前で組み
両足を肩幅にひらく

2 片方の足を後方へクロスし
腰をおろす

斜め後方45度に1歩
踏み出し、上半身の姿
勢をキープしながら、
腰を落とす。

3 反対側も同じように
片方の足を後方へクロス

反対の足も同様に後
方へクロスする。さら
に深く腰を落とすと負
荷がアップする。

背スジを伸ばした正しい姿勢
から、両手を胸の前であわせ、
目線はまっすぐ前へ向ける。

スモウスクワット（トウ・スタンド）

1 両足を開いて
両手で足先をつかむ

両足は肩幅よりやや広いスタ
ンスにし、腰を落として両手で
両足の先を持つ。ヒジはヒザの
内側に。

2 足先をつかんだまま
ヒザの曲げ伸ばしする

足先をつかんだまま、ヒザの曲
げ伸ばしをする。背筋が丸まら
ないことを意識して、ヒザ裏の
筋肉を伸ばす。

---

1 フォワードランジ（フォアアーム・トウ・インステップ）
両足を前後に開いて
股関節周辺を伸ばす

2 両手で身体を支えながら
重心を移動する

深く腰を落として両足を前後に開き、股関節を伸ばす。
両手を床につけて身体のバランスをとる。

腰を落としたまま、後ろに重心を移動して股関節まわりの
筋肉を動かす。両足のヒザ裏にストレッチ感がある。

バックワードランジ（ウィズ・ツイスト）
腹圧を高めた
直立姿勢になる

 片足を後ろにさげた
タイミングで反対側に
胸が向くように捻る

 反対側も行い
左右バランスを整える

目線は前方に向けて
直立姿勢からスター
トする。

捻るときには腹圧を高めた状態で、
両ヒジを伸ばしたまま肩甲骨から
伸ばすイメージで行う。

左右の足を入れ替え、反対側も同様に
行う。ストレッチ＆オンを忘れない。

ハンド・ウォーク

 両手を床につき
手で歩く

 姿勢を正し
直立の姿勢になる

直立の姿勢からヒザを曲げずに両手を床につき、
そのまま両手を左右交互に前へ進める。足は動かさない。

直立の姿勢を
保って準備。

 足を前進させて
立位に戻る

 両手を前に進めて
身体を伸び切らせる

足は固定したまま、身体が伸び切るとこ
ろまで両手を前に進める。

身体が伸び切ったら両手を固定し、足を
左右交互に前へ進めて立位に戻る。ヒザ
を曲げない。

POINT 09 軸を固定しながら 身体の可動域をアップする

徒手抵抗①

1 ドローインした 状態からスタート

2 胸椎が回旋した状態から 元に戻そうとする

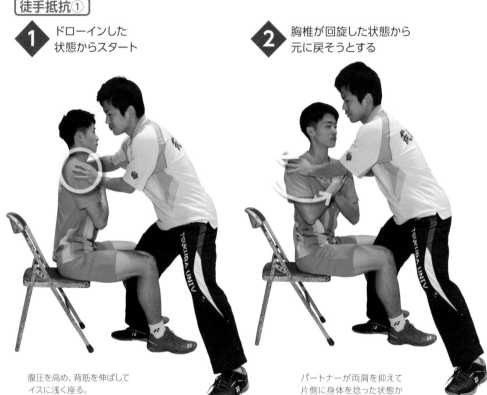

腹圧を高め、背筋を伸ばして イスに浅く座る。

パートナーが両肩を抑えて 片側に身体を捻った状態か ら元に戻そうと力を出す。

軸をまっすぐにして体をまわす

　身体を動かしていくことで、可動域は徐々に広がっていく。反動をつけたり、パートナーの力でまわるのはNG。背スジをまっすぐキープしながら、自分の力で身体をまわしていく。

　エクササイズの動作中は「ドローイン」した状態で行うことがポイント。腹圧を高めることで身体の軸をしっかり固めて行う。このドローインは、動作中、常に意識することが基本。

筋肉痛
ケガ
予防

柔軟性
可動域
アップ

- ●1RM 50〜80%の力加減で5〜23回行う
- ●テンポ/定常
- ●セット数の目安/ビギナー2〜4回、上級者3〜5回

基礎的筋力

3 補助者は、正面を向くまで
抵抗を加える

4 徐々に可動域をアップさせ、
新しいスタート位置から力を入れる

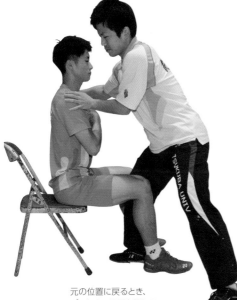

元の位置に戻るとき、
パートナーは肩を押して
負荷をかける。

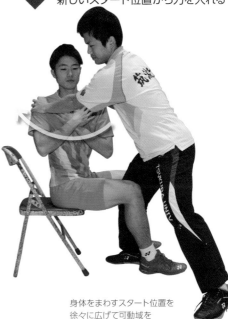

身体をまわすスタート位置を
徐々に広げて可動域を
アップしていく。
反対側も同様に行う。

+1 プラスワンアドバイス

パートナーの
働きかけが重要

捻じったときの筋肉は伸びた状態。5秒程かけて元の位置に戻るときに、パートナーが一定の力で抵抗を加える。しっかりと力を出せるように内側から足を抑え、身体が動かないようヒザで抑える。

徒手抵抗②

 1 リラックスした
状態で仰向けになる

補助者はカカトを持ちながら
逆足のヒザを抑える。

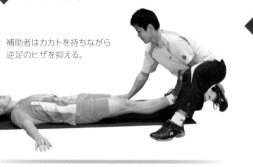 **2** 腰が浮かないような
状態で片足を上にあげる

補助者がカカトを持ち、
ヒザを伸ばしたまま
足をあげる。

 3 大臀筋や
ハムストリングスを使って
足を下におろす

補助者は「1、2、3、4、5」と
カウントしながら、
抵抗を加え続ける。

 4 おろすときに補助者は
負荷をかけ続ける

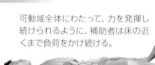

可動域全体にわたって、力を発揮し
続けられるように、補助者は床の近
くまで負荷をかけ続ける。

+1 プラスワンアドバイス

股関節周囲の
伸筋群だけで運動をする

補助者は、対側の太モモ付近を押さえて足が浮かないよう
にする。また、腰を反ることもケガのリスクを高めるので、
腹圧を高め続けて腰が床から離れないようにしよう。

NG ✕

POINT *10* ラケットフット側の臀部を刺激する

最大コンセントリック筋力

徒手抵抗③

筋肉痛
ケガ
予防

柔軟性
可動域
アップ

リラックスした状態で仰向けになる

●1RM80〜100%の力加減で
　1 〜 8 回行う
●テンポ/ゆっくり力強く
●セット数の目安/ビギナー
　1〜3回、上級者3〜6回

補助者の体重が軽い場合には、
フリーウエイトの重りなどを
用意し、抵抗を加える。

補助者は必要であれば
足裏に重りを置いて、
少し体重をかけるようにして
負荷を掛ける。

ラケットフットの股関節を屈曲する
ディープランジのイメージで

次のページへ

パートナーストレッチに加えて筋収縮を行う

　1人で行うストレッチより、パートナーの助けを借りることで、よりストレッチ感を高めることができる。また、ムーブメントプレパレーションでも述べたが、ストレッチされたところから筋群を収縮させることで、より実際の動きに近い準備状態をつくることができる。

　バドミントン競技が爆発的な運動が多いことを考えると、さらに多くの力発揮をしておくことが良い。補助者との共同作業で、より覚醒した状態で次のトレーニングに入る。

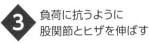

3 負荷に抗うように
股関節とヒザを伸ばす

補助者は「1、2、3、4、5」のカウントで、下肢が伸びるように力加減を調整する。

4 押し込んだら
リラックス

押し込んだら**2**に戻る。

+1 プラスワンアドバイス

激しく引き伸ばされる筋群を
事前に使い筋肉痛を予防する

競技後に、ラケットフット側の臀部の筋肉が筋肉痛になった経験がないだろうか？急激なランジ動作によって、臀部の筋群はエキセントリックに収縮する。この反復が、筋肉痛の原因の1つであると考えられている。予防には、競技前に予めその筋群をコンセントリックに使っておくことが有効なようだ。

PART3

エネルギー系の
能力と筋力を高める

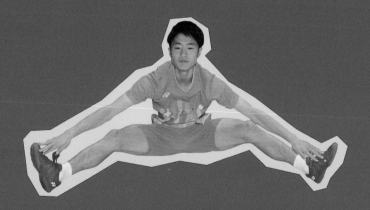

競技の特性を知って
トレーニングに役立てる

競技の特性を知ってトレーニングする

バドミントンは運動期間と休息期間（1度の運動期間と1度の休息期間で1ピリオドとカウントする）が交互に繰り返される間欠的なスポーツ。特に近年では、道具の軽量化やトレーニング法の発展により、非常に高速なラリーが競技の魅力を引きあげている。スピードが速いだけでなく、ラリーを断ち切る高出力のパワーも特徴的だ。

バドミントン選手のトレーニングを考える際には、バドミントンがどんな競技か知っておく必要があり、その競技者がどんな作業負荷に耐えられるかを調べることも重要である。

以下は、バドミントンゲームから得られたデータをまとめたもの。1980年代から2019年の40年にかけて様々な競技レベルでデータが報告されている。

「ラリー中の平均移動距離の報告は少ないが、12.2m→15m程度」「平均打数は6打→10打程度」「ラリーの平均持続時間は6秒程度→近年では10秒ほど」「運動と休息の比率は1:1→1:3」と変遷している。

映像からの印象と併せて考えると、運動期間においては、短時間高強度の運動が要求されていると言える。

また、2006年のラリーポイント制へのルール改正により、試合時間が短縮されることが期待されていたが、2時間半を超える試合も行

われている。

これらのデータをもとに、トレーニング回数や運動時間、休息時間、トレーニング量や頻度を決めていく。アプローチ法として、ここではサーキットトレーニングやATP-PC系トレーニングを紹介する。

トップ選手のデータを
トレーニングの指標にする

●2,400m走タイムと最大酸素摂取量の比較

上段数値2,400mの 記録（分' 秒"）	男子		女子	
下段数値最大酸素摂取量 （酸素 ml/ 分 /kg）	シングルス	ダブルス	シングルス	ダブルス
エリート選手　国内 ／国際レベル	7'15"-6'03"	7'58"-6'46"	9'38"-8'27"	9'38"-8'27"
	68-73	65-70	58-63	58-63
国内リーグ戦レベル	9'10"-7'58"	10'07"-8'41"	11'33"-10'22"	12'02"-10'50"
	60-65	56-62	50-55	48-53
地方／地域リーグ選手 レベル	11'05"-9'10"	11'33"-10'07"	12'45"-11'34"	13'14"-12'02"
	52-60	50-56	45-50	43-48

2400m走の記録を能力値の指標にする

　バドミントンなどの運動で、筋肉が力を発揮するときはATP(アデノシン三リン酸)という物質を消費する。プレーを持続したり、休んだ後に再び運動するときには、ATPを体内で再合成する必要がある。

　この合成過程には三つあり、それぞれの場面でトレーニングする必要がある。ひとつめは短い時間で爆発的な力を出力できる「ATP-PC系」、二つめは400m走のように強度が高く時間は短い「乳酸系」、三つめは長距離走など持続的に力を発揮する「酸素系」だ。

　これらを高めていく前提には、酸素を取り込む能力を鍛えることがポイント。筑波大学バドミントン部では、選手の酸素摂取能力を測定するために「2400m走」を定期的に実施している。2400m走の記録がバドミントン選手の酸素摂取能力の指標になるという研究データがあるからだ。

　トレーニングの成果をコート上の動きだけで評価するのではなく、数値上でも認識することがレベルアップにつながる。

POINT 13 酸素を取り込む力をつけて競技力を向上させる

筋力持久力アップ

動作身体キレ

サーキットトレで酸素を取り組む能力をアップ

酸素を取り込む能力に働きかけるトレーニングとして最適なのが、サーキットトレーニング。このトレーニングは、複数の運動を短い時間に、全力で休みなく連続して行うもので、呼吸循環器系の機能を働かせながら、筋疲労を分散させてトレーニングすることができる。

強度の高いトレーニングを休みなく長時間続けると動きが遅くなり、疲労が蓄積して狙った筋をうまく鍛えられない。疲労が

たまる前に別の動作を行って、身体の違う部分に刺激を与え、身体全体に働きかける。

筑波大学バドミントン部では、練習時間の効率化をはかるため、体育館にいくつかのアイテムを用意し、グループ単位で各エクササイズに取り組む。エクササイズは全力で行い、決められた時間になったら、次のエクササイズに移動。これを繰り返す。右記はサーキットトレーニングのメニューの方法。組み合わせは自由だ。

サーキットトレーニングの方法

●上肢、体幹、下肢というように、異なる部位の運動種目を6種目以上用意する。

各運動種目を30秒間全力で行い、そのタイムを記録する（①）

10秒当たりの数に換算する（②）

＊この数がサーキットトレーニングを行う際のその運動種目の実施回数となる

●サーキットトレーニングを行う際には、用意した運動種目を、通しで3周行う

＊すなわち、下の表であれば、1のTRX Hamstringsを○回、2のスピネーション180を○回…8のダンベルフロントランジを○回…1のTRX Hamstringsを○回…といった感じで3周繰り返す。

●各運動種目、10秒で行えるはずの回数なので、6種目であれば10秒×6種目×3周＝180秒（3分）が目標値となる。8種目であれば10秒×8種目×3周＝240秒（4分）が目標値となる。

●1週間に2〜3日を目安にトレーニングを行う。毎回全力で行うこと。2〜3ヶ月後くらいまでにタイムの改善が見られるはずである。このことは全身持久力の改善を意味する（③）

また、各運動種目の30秒間での実施回数も測定してみよう。この回数も上がっているはずである。これは、局所的な筋肉の持久力が高まったことを意味する（④）

●筑波大学でサーキットトレーニングを行う際には、A〜Cといった具合に3ステージほどを用意し、1人あたり15分ほどを通しで実施することが多い（A→B→C：必要に応じてAとB、BとCの間に休息を入れる）

サーキットトレーニングには，全身持久力と筋肉の局所的な持久力を同時に高められるという利点がある

＊全身持久力を高めるトレーニング（連続的）を実施する際には，3分以上継続して行おう！

名前		日付　　　月　　　日	➡	日付　　　月　　　日	
2nd Circuit B	各種目の回数を，筋持久力の指標とする。つまり、回数が上がったということは、筋持久力が高まったということ。			④	
種目		回数（30秒間）	3で割った数（　／10秒）	回数（30秒間）	
1.　TRX Hamstrings		回			回
2.　スピネーション180					
3.　カーフレイズ					
4.　オルタネイティブバックエクステンション		①	②		
5.　リバースプッシュアップ					
6.　ワイドスクワットジャンプ					
7.　リバースリストカール					
8.　ダンベルフロントランジ					

3周でのタイム		○月○日	分　　　秒	3周を通してのタイムを全身持久力の指標とする。
○月○日	分　　　秒	○月○日	分　　　秒	タイムが上がったということは、
○月○日	分　　　秒	○月○日	分　　　秒	全身持久力が高まったということ。③

2nd Circuit C	回数（30秒間）	3で割った数（　／10秒）	回数（30秒間）
種目	回数（30秒間）	3で割った数（　／10秒）	回数（30秒間）
1.　ナロープッシュアップ	回		回
2.　フライングスプリット（ジャンプ）			
3.　V sit-up（つま先）			
4.　スプリント			
5.　ネット・スマッシュ			
6.　TAレイズ			
7.　ハイバックハンドスマッシュ			
8.　クラウチング＆ヒップローテーション（ワイド）			
9.　ダンベルフロントランジ			

サーキットトレーニングの運動種目例

V シットアップ

1 両腕と両足を伸ばして
仰向けになる

目線は真上に向け、両腕と両足は
床につけて身体をまっすぐに伸ばす。

2 腹圧を高め
腕と足を床からあげる

ドローインした状態で
両腕と両足を床からあげる。

3 両腕と両足をさらにあげ
ツマ先とタッチ

両腕と両足をさらにあげて
身体を折りたたむ。

4 両腕と両足を
元の位置に戻す

起こした両腕と両足をさげ、
床につけず②③の動作を繰り返す。

ローテーショナルプッシュアップ

1 両腕を床につけて
身体をまっすぐに保つ

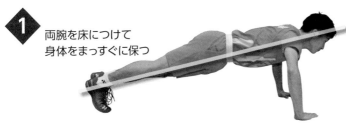

腕立て伏せの状態になり、
頭からカカトまで一直線の
姿勢になる。

2 ヒジを曲げて
身体全体をさげていく

ドローインしながら
身体のラインを一直線に
保ち、ヒジを曲げる。

3 腕立て伏せで
ヒジを伸ばしながら
片手を床から離して
横向きに

一回腕立て伏せを行い、
ヒジを伸ばす勢いのまま
身体を回旋させる。

4 片手を天井に向け
まっすぐ伸ばす

両腕と身体全体が、まっすぐの
ラインになる姿勢をキープし、
T字をつくる。

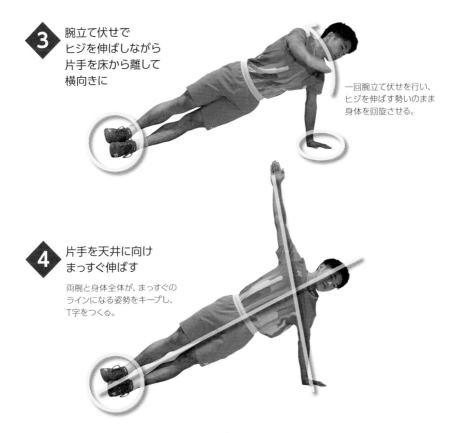

1 両足を揃えて
ジャンプの体勢になる

ヒザを曲げて両腕を後方へ
引き、ジャンプの準備をする。

 2 腕を前方に
振り込む

腕を前方に振り込みながら、
強く踏み切る。

 3 腕で身体全体を
引っ張りあげるように
しながらジャンプ

両足で床を強く
蹴るようにし、
その場で上方へ
ジャンプする。

ラテラルジャンプ

 4 着地したらすぐに
反対側へジャンプ

 3 空中でも目線は
正面をキープする

 2 ヒザを伸ばして
両足で勢いよくジャンプ

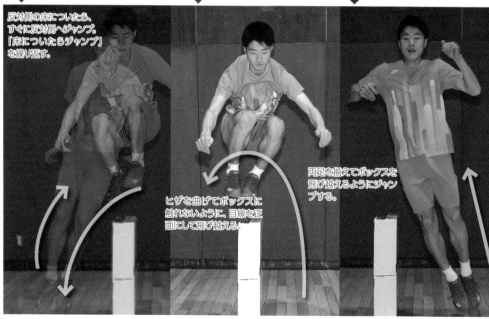

反対側の床についたら、
すぐに反対側へジャンプ。
『床についたらジャンプ』
を繰り返す。

ヒザを曲げてボックスに
触れないように、目線を正
面にして飛び越える。

両足を揃えてボックスを
飛び越えるようにジャン
プする。

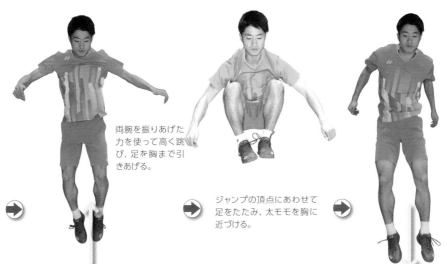

両腕を振りあげた力を使って高く跳び、足を胸まで引きあげる。

ジャンプの頂点にあわせて足をたたみ、太モモを胸に近づける。

4 バランスをとりながら足を胸まで引きあげる

5 空中で足をたたみジャンプの高さを出す

6 着地の勢いを吸収しながら動きを止めずに❶へ

バランスを保ちながら着地する。これを繰り返す。

1 両足を床につけてボックスの横に立つ

腰よりやや低めのボックスを置き、腰を落としてジャンプの準備。

GOOD ○

太モモを引きあげながら高くジャンプする。

NG ✕

ヒザを曲げるだけでは高く跳べず、狙った部位を鍛えられない。

ジャンプバリエーション

 2 その場で強く踏み切り
足を胸まで引きあげる

1 両足を揃えて
ジャンプの体勢になる

タックジャンプ→開脚ジャンプ→バックアーチジャンプ

 しゃがんだ反動で
すばやくジャンプ。

両腕を振り上げた力を使って
高く跳び、足を胸まで引きあげる。

3 ジャンプの頂点で
開脚する

❷と同様に強く踏み切り、ジャンプの
頂点前で両腕と両足を左右に開き、
ツマ先にタッチ。

4 両足を揃えて跳び
足の裏をタッチする

着地した勢いのまま、
両足を揃えてジャンプ。
身体を後方に反らすように
足の裏をタッチする。

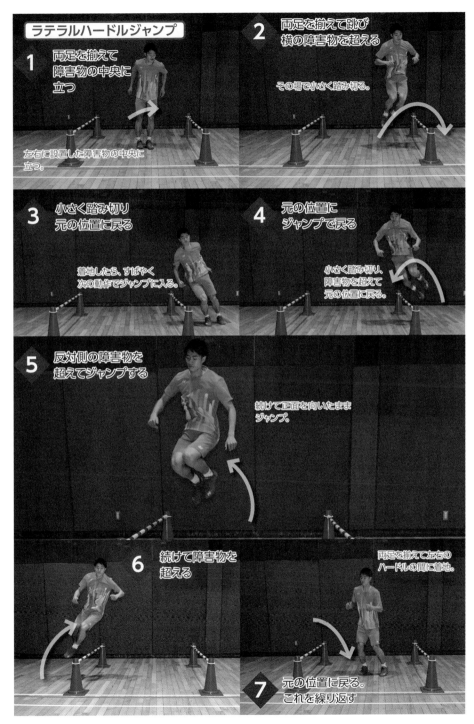

ラテラルハードルジャンプ

1 両足を揃えて
障害物の中央に
立つ

左右に設置した障害物の中央に
立つ。

2 両足を揃えて跳び
横の障害物を超える

その場で小さく踏み切る。

3 小さく踏み切り
元の位置に戻る

着地したら、すばやく
次の動作でジャンプに入る。

4 元の位置に
ジャンプで戻る

小さく踏み切り、
障害物を超えて
元の位置に戻る。

5 反対側の障害物を
超えてジャンプする

続けて正面を向いたまま
ジャンプ。

6 続けて障害物を
超える

両足を揃えて左右の
ハードルの間に着地。

7 元の位置に戻る。
これを繰り返す

43

ジャンプ着地からの横方向への移動 (バックハンド側)

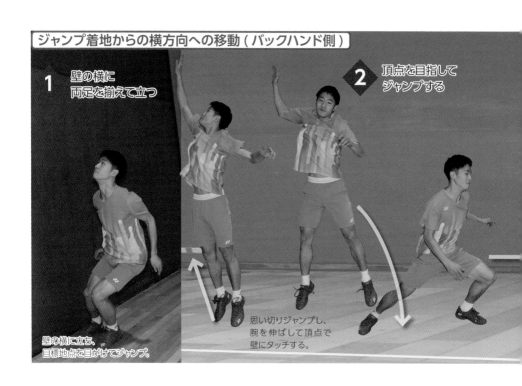

1 壁の横に
両足を揃えて立つ

2 頂点を目指して
ジャンプする

思い切りジャンプし、
腕を伸ばして頂点で
壁にタッチする。

壁の横に立ち、
目標地点を目がけてジャンプ。

ジャンプ着地からの横方向への移動 (フォアハンド側)

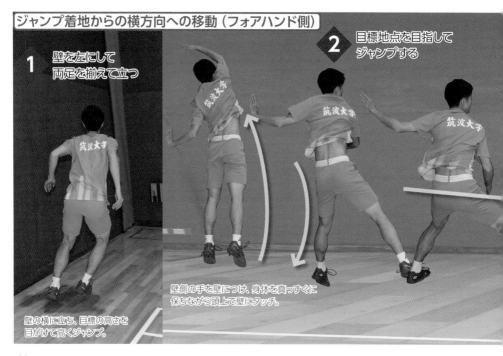

1 壁を左にして
両足を揃えて立つ

2 目標地点を目指して
ジャンプする

壁側の手を壁につけ、身体を真っすぐに
保ちながら頭上で壁にタッチ。

壁の横に立ち、目標の高さを
目がけて高くジャンプ。

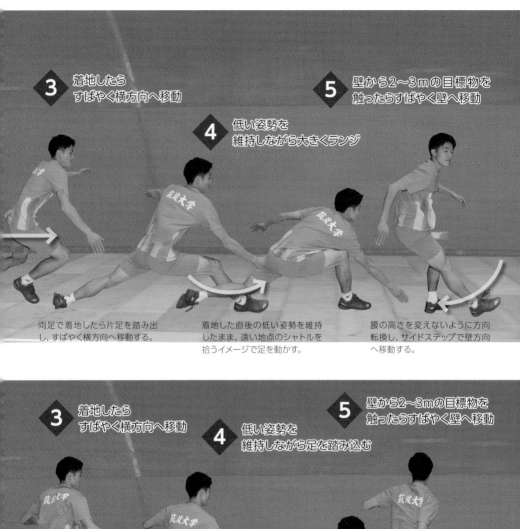

3 着地したら
すばやく横方向へ移動

4 低い姿勢を
維持しながら大きくランジ

5 壁から2〜3mの目標物を
触ったらすばやく壁へ移動

両足で着地したら片足を踏み出
し、すばやく横方向へ移動する。

着地した直後の低い姿勢を維持
したまま、遠い地点のシャトルを
拾うイメージで足を動かす。

腰の高さを変えないように方向
転換し、サイドステップで壁方向
へ移動する。

3 着地したら
すばやく横方向へ移動

4 低い姿勢を
維持しながら足を踏み込む

5 壁から2〜3mの目標物を
触ったらすばやく壁へ移動

両足で着地したら、足を運び
すばやく横方向へ移動する。

腰の位置は、着地した直後の
位置から浮かないように。

目標物を触ったら、すばやくサイド
ステップで壁方向へ移動する。

メディシンボール投げ（上方へ）

 1 立位から
しゃがむ

 2 しゃがんだ姿勢で止まらずに
反動を使ってヒザを伸ばす

 3 股関節やヒザ、足首を伸ばす勢いのままボールを
上方に投げる

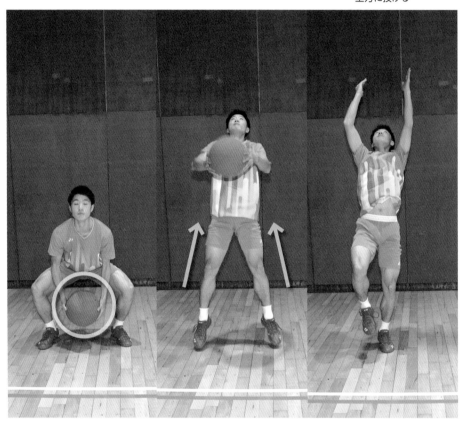

しゃがんだ姿勢はスクワットと同じ。

ジャンプするように身体を
上方に伸ばし、遅れて腕が
上方にあがる。

身体の軸は安定させたまま、
両手でボール真上に投げる。
これを繰り返す。

➕1 プラスワンアドバイス

スクワットの正しいフォームを意識する

しゃがんだ姿勢は「スクワット」の腰を落とした体勢をとる。背スジをまっすぐにし、地面と太モモが平行近くになるまで腰を落とす。このときヒザがツマ先より前に出ないよう注意。

ダンベルを持ち
両腕をあげる

 ヒジが真上に達したら
前方に戻す

 ヒジの角度を
保ちダンベルを後方へ

 ヒジの角度を
キープしながら
運動は正確に

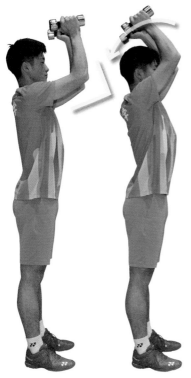

両足は肩幅に開き、両手のヒジが身体の前方に来るようにセット。

ヒジは90度に曲げたまま、頭の上を通るようにダンベルを後方へ動かす。

可動域まで後方にダンベルを移動させ、前方に戻す。

姿勢をキープしながら、ヒジの角度を保ち、正確に運動することがポイント。

+1 プラスワンアドバイス

軽いダンベルで可動域をアップする

ダンベルは1〜3kg程度の軽いもので良い。肩甲骨まわり、肩まわりの可動域全体にわたって運動をすることが大事で、ヒジが横に開かないように注意したい。

POINT
14

最も爆発的な
運動のためのプログラム

回復のための時間設定も重要

近年の高速化されたバドミントンプレーでは、ATP-PC 系と呼ばれる短時間で高強度のエネルギー発揮が求められる。よりバドミントンに特異的な運動を取り入れることを考えると、コートの大きさやライン、ネットを利用するという手がある。

ATP-PC 系のエネルギー発揮を継続するには、回復のための時間づくりが重要になる。伝統的なトレーニングの代表例である 10 秒間の運動と 10 秒間の休息を繰り返す流れを考えてみよう。10 秒間本気で運動をした際には、そこで分解された ATP が新たに作り出される時間的余裕が無いのだ。そうすると必然的に実施できる運動の強度は落ちざるを得ない。

ここで紹介するトレーニングを実施する際には、運動と休息の比率を 1：3 で行おう。運動種目としては、バドミントンのプレーで現れるスプリントや方向転換、ジャンプやリープ、急激なブレーキングとプッシュオフ、強打のストロークプロダクションなどが考えられる。

コート縦横の距離や アレーの幅を使って運動する

バドミントンの平均移動距離が12.2mであるという報告がある。バドミントンコートの横幅は6.1mであるため、ちょうど1往復すると12.2mになる。方向転換で運動が崩れたりスピードが落ちることなく、全力で走りブレーキをかけてみよう。また、1イニングでの平均ストローク回数が6打であったという報告から、バドミントンで用いられる運動を6回全力で行ってみよう。コートバックアレーの幅80cmを6回両足でジャンプしたり（方向転換能力を高める目的：前後ジャンプ）、垂直方向に6回開脚ジャンプをしたり（ジャンプ能力を高める目的：開脚ジャンプ）する。

12.2mの移動または6回の 運動を何回行うのか！？

ATP-PC系のトレーニングでは、近年のバドミントン強度に極めて近い特異的な運動を中心に行いたい。例えば、バドミントンゲームのイニング数で実施してみてはどうだろうか？すなわち、22対20の際どい試合を制する、という意味合いで42セットである。筑波大学で最も量を積む時には、この42セットを5ゲーム分繰り返していたことがある。

バドミントンのストローク プロダクションも取り入れる

高強度のトレーニングにする、ということで考えると必然的に強打をするということになる。腹圧の高まった状態でピラー（pillar）を立て、目線を下げないといった適切な運動フォームを心がけよう。

POINT 15 乳酸というエネルギー源とどう向き合うか

インターバル形式で乳酸耐性を高める

ラリー中のスピードがあがったり、ラリーの持続時間が長くなり多くのエネルギーが必要になると、エネルギー供給系のひとつである糖の分解が促進される。詳細は省くが、その作られた量が体内での処理（酸素系）能力を上回ると、乳酸が血液中に排出されると考えられている。

バドミントン競技では10秒以内で終わるラリーもあれば40秒〜1分程度続くラリーもある。その後はワークピリオドと同程度以上のレストピリオドが続くことが報告されている。乳酸が多く作られるようなラリーの後のレストピリオドで、速やかに乳酸を除去できればよい。また、糖の分解を処理する能力が高ければ血中に排出される乳酸の量も抑えられるわけであるから、それに関連するミトコンドリアの量を増やすことや全身の毛細血管が発達している必要があり、これらを向上させる持久的トレーニングを行うことが重要。つま

り、同じスピードで動いた場合には、なるべく多く糖の分解を処理できる能力をもった選手が有利になる。

ここで扱うのは、乳酸が除去されないうちに次のイニングが始まってしまった場合（レストピリオドが十分でない）。この場合は乳酸が血中に蓄積された状況でも動ける、ということが重要だ。

もう1つ似た状況だが、ここは最後の力を振り絞って乳酸が作られるような激しいラリーを仕掛ける。そういう場合に力を出すトレーニングは、様々な組み合わせが考えられるが、15秒〜45秒程度のハイテンポのワークと同じ長さのレストを繰り返すとよいだろう。

実際の試合を想定するならば、2倍近いレストをとっても狙いは達成できる。トレーニング初心者は1ゲームに相当する時間から開始し、上級者は1試合またはそれ以上を目指すと良いだろう。

PART4

ストロークのための
動作づくり

POINT 16 力強いショットのために必要な動きづくり

力強さを生み出すための動きづくり

　バドミントンのショットは、フォアハンドやバックハンドはもちろん、攻撃的に打てる場面や守備的につなぐ場面、シャトルの落下点に入ったときの体勢によって、打ち方を変える必要がある。

　しかし、強打を生み出すという印象を相手に与えるために、共通していえるのは、身体の中心からスイングが始動し、末端にあるラケットは最後に加速されて振り出されるイメージを持つこと。ここからはスイング時の正しい動きづくりである、軸のつくり方や捻りの動作、腕の使い方などをマスターしよう。

　スイングを通じて、体幹がブレていたり、姿勢が崩れていると強くて鋭いシャトルは打てない。

　力の伝達のために腹圧が高まった状態であることも重要である。

　ここでは、スイング速度を高めるための軸回転（回旋）運動と筋のSSCを利用することが技術課題となる。

コツ 1

股関節・骨盤の回旋の力を インパクトに伝える

バドミントンで半身になって打つように指導されることもあるだろう。これが意味することは、体幹の回旋運動をスイングに結び付け、スイング速度を高めることができる可能性があるからであろう。しかしながら、力の伝達がスムーズでないと、運動の勢いが末端まで伝わらないこともある。股関節・骨盤の回旋に遅れて胸部が捻られ、末端に運動の勢いが伝わるイメージを持とう。

コツ 2

大胸筋のSSCもスイング速度を 高めるために重要

オーバーヘッドストロークで力強いショットを打つためには、肩甲骨の動きや胸部の使い方も重要なポイント。負荷を利用しながら、「バックワードスイング→フォワードスイング→インパクト→フォロースルー」という流れをイメージする。

コツ 3

差し込まれたところから 強打で攻め返す

特にダブルスのドライブの打ち合いのような時には、打ち返しにくい場所に鋭く攻め込まれることがある。このような場合でも、ラケットヘッドを加速させ、強打で攻め返したい。そのためには、ヒジの位置と上腕や前腕の回旋運動がポイント。

+1 プラスワンアドバイス

状況に応じた筋収縮の させ方で返球する

状況に応じて、シャトルの打ち方を変えることも必要だ。筋肉の収縮のさせ方にはいくつかの方法がある。ここでは、前腕の筋収縮のさせ方を変えることでスイング速度や打撃力が変わることを体験していただきたい。

捻じりの動作で運動の勢いをスイングに伝える

POINT 17

ダイアゴナルプレートレイズ

1 重りを斜め下に引きさげながらスクワットの姿勢でしゃがむ

両足を肩幅程度に開き、両手に持った小さめのフリーウエイトの重りを斜め下方に引きさげる。

2 下半身が起きあがる力で重りを斜め上方に持ちあげる

引きさげた勢いとスクワットで起きあがる勢いを合わせて、反対側の斜め上方に持ちあげる。

下半身でためた力を上半身に伝える

　バドミントンのストロークに直接的につながるわけではないが、身体の連動性を高めるために重要なエクササイズ。運動の勢いを下から上に伝えるだけであれば、スクワットなどをすれば解決するが、その勢いを捻りの力に変えたり上肢の運動につなげるようなエクササイズは少ない。

　また、コアが弱いと下半身でためた運動の勢いを上半身にうまく伝えることができなくなってしまう。腹圧を高めた状態をキープしながら、運動の勢いを妨げることなく重りをトップの位置まで引きあげたい。

　運動の連動性を評価したり、コアの筋力を評価する方法としても活用できる。

柔軟性
可動域
アップ

動作
身体
キレ

●1RM50〜80%の力加減で
2〜12回行う
●テンポ/爆発的 (切り替えしを鋭く)
●セット数の目安/ビギナー1〜4回、
上級者2〜6回

爆発的筋力

3 身体の中心から左足側に
運動軸をずらしながら捻る

体重を少しずつ
左足側に移し、
運動の勢いは斜
め上方へ。

4 ヒジの伸展とともに斜め
上方に重りを突き出す

身体を捻りながらヒジを伸ばし、
重りを斜め上方に突き出すよう
にフィニッシュ。

+1 プラスワンアドバイス

一連の動作で重りをあげきる

最終的には一瞬の爆発力で重りを持ち上げたい。集中力を高め、下
方に引き下げる運動の勢い (全身の筋肉のSSCを含めて) を一気に
上方へ持ちあげ、かつ捻るという動きに切り替えたい。目的とする
動きとその方向に向けて全身の筋肉を総動員する意識が大切だ。

1 正面を向いて
バーベルを持つ

2 ゆっくり体を
後方に捻る

バーベルを肩でかつぎ、スタンスは肩幅より
やや広く、正面を向いて立つ。

下半身は正面を向いたまま、
上半身だけを後方に捻り、胸部をまわしていく。

捻じった力を末端まで伝える

スイングするときに体の捻じりを上手に生か
すことができると、強く、はやいショットが可能
になる。しかし捻じる動作をすることによって、
体の軸がブレてしまうと力が分散してしまう。

体幹でためたパワーを末端である手やラケッ
トまで伝えるためには、捻じった後の体の使い
方をマスターしておく。腰がまわってから胸、手
という順番でまわってくるイメージを持つ。

捻じった後は腰→胸の順番で正面を向く。

3 軸をキープしながら 腰を先行してまわす

4 反対側へも 体を捻る

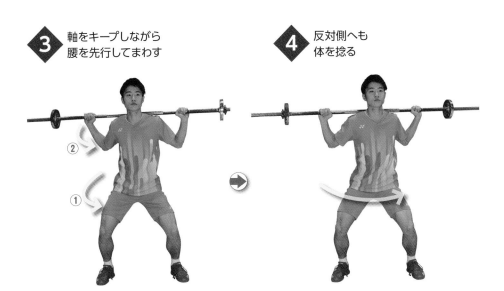

体軸を中心に、腰部分が先行してまわり、あとからかついだバーベルがまわってくるイメージで動作する。

体が腰→胸の順番で正面を向いたら一旦止まり、今度は反対側へ体を捻る。

5 ゆっくり体を 後方に捻る

6 軸をキープしながら 腰を先行してまわす

②と同じように下半身は正面を向いたまま、上半身だけを後方に捻り、腰をまわしていく。

体軸を中心に、腰部分が先行してまわる。背負った負荷を感じながら、腰→胸の順番でまわすことを心がける。

POINT 18 オーバーヘッドストロークのスイングを作る
運動の勢いを末端に伝える運動連鎖

運動の勢いを想像してバーベルを加速させる

スマッシュやクリアなどオーバーヘッドストロークで強打する場面では、地面→コアで生み出した運動の勢いをラケットに伝える動きがポイントになる。うまく伝えることができ、ラケットのスイングに生かされれば、スイングスピードは確実にアップする。

そのためには「バックワードスイング」「フ

ォワードスイング」「インパクト〜フォロースルー」といったスイングの一連の流れをイメージした動きづくりが重要である。正確に運動を行いたいので、まずは軽めの負荷で行い、スイングが定着したらシャフトにプレートを付けてバーベルの総重量を挙げていこう。

●1RM 50〜80%の力加減で5〜23
　回行う
●テンポ/定常
●セット数の目安/ビギナー2〜4回、
　上級者3〜5回

筋力
持久力
アップ

柔軟性
可動域
アップ

動作
身体
キレ

基礎的筋力

バーベルスイング①ダウンワードプル

 バーベルを両手で持ち
頭上にあげる

両手にバーベルを
持ち、ヒジは肩より
上に高くあげて構
える。

 頭上から
バックスイングに入る

姿勢を正して目線を前
に向けながら、バーベ
ルを後方へ。

 バックスイングして
タメをつくる

肩甲骨を引き寄せ
ながら可動域いっ
ぱいのところまで
バーベルを引い
て、スイングのタ
メをつくる。

 4 ヒジから先行し
バーベルを
前に振り出す

運動連鎖が起きるよう
末端を遅らせる。

 5 インパクト場面で
一瞬、力を入れて
振りおろす

バーベルを前に振
り出し、インパクト
場面で一瞬、力を
入れて止める。
（内旋&回内）

バーベルスイング②アップワードプル

スタートは両足を肩幅程度に開いて立ち、両手でバーベルをさげた状態で持つ。

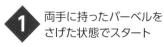

1 両手に持ったバーベルをさげた状態でスタート

リラックスで立ち、両手に持ったバーベルはさげた状態にしておく。

バーベルスイング③ムチ

 1 バーベルを両手で持ちあげる

2 肩・ヒジを柔らかく使ってスイングする

3 インパクト位置でグリップを強く握る

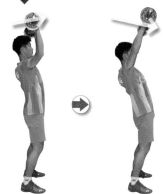

両足を肩幅程度に開いて立ち、両手でバーベルを持ちあげる。

バーベルを背中側から、前方へスイングする。このとき肩からヒジ、手首などの関節を柔らかく使う。

腕をしならせるようにバーベルをスイングさせながら、インパクト地点でグリップを強く握る。

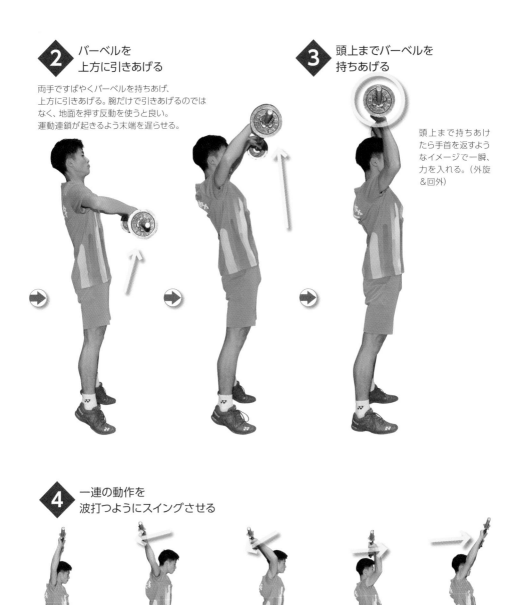

2 バーベルを
上方に引きあげる

両手ですばやくバーベルを持ちあげ、
上方に引きあげる。腕だけで引きあげるのでは
なく、地面を押す反動を使うと良い。
運動連鎖が起きるよう末端を遅らせる。

3 頭上までバーベルを
持ちあげる

頭上まで持ちあけ
たら手首を返すよう
なイメージで一瞬、
力を入れる。(外旋
&回外)

4 一連の動作を
波打つようにスイングさせる

スイング中は肩甲骨の動きを意識し、肩、ヒジ、手首の順に伸びていくイメージで、スイング全体を波立たせる。

POINT 19 大胸筋のSSCを利用して腕のつけ根からスイングする

右足を前に出し、骨盤を少し前に出した状態で構える。

1 肩甲骨でボールを支える意識を持つ

ヒジをやや伸ばした状態でメディシンボールを片手で持つ。

上半身全体を使ってボールを押し当てる

スマッシュやクリアなどコート後方からでも、力強いショットを打っていくためには、胸部の捻じりや大胸筋のSSCの力を使うことが大切。この動作を意識づけするためのトレーニングとして、メディシンボールなど重さのあるボールを壁に投げ、その跳ね返りの反動を利用するという方法がある。

筋力
持久力
アップ

柔軟性
可動域
アップ

動作
身体
キレ

- ●1RM50〜80%の力加減で
  2〜12回行う
- ●テンポ/爆発的（切り替えしを鋭く）
- ●セット数の目安/ビギナー1〜4回、
  上級者2〜6回

爆発的筋力

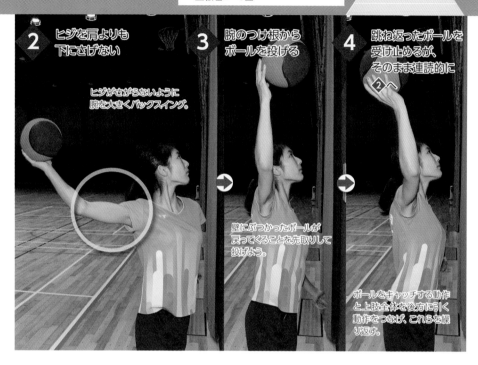

2 ヒジを肩よりも下にさげない

ヒジが下がらないように腕を大きくバックスイング。

3 腕のつけ根からボールを投げる

壁にぶつかったボールが戻ってくることを先取りして投げよう。

4 跳ね返ったボールを受け止めるが、そのまま連続的に**2**へ

ボールをキャッチする動作と上肢全体を後方に引く動作をつなげ、これらを繰り返す。

➕1 プラスワンアドバイス

腕の根元でメディシンボールを支える

NG ✕

大胸筋の動きを感じながら、筋肉の伸び縮みを利用してパワーを生み出す。腕の根元から、しっかり腕全体を動かしていくことがポイント。ヒジが曲がってしまうと、ヒジの曲げ伸ばしでボールを投げることにつながり、狙った練習にならない。

POINT 20 身体の近くの球を 強打する動作づくり

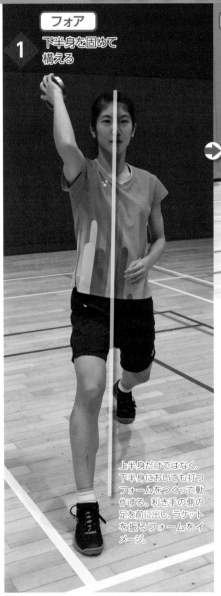

フォア

1 下半身を固めて
構える

上半身だけではなく、下半身においても打つフォームをつくって動作する。利き手の側の足を前に出し、ラケットを振るフォームをイメージ。

フォアハンド

2 ヒジを肩の前に出し、
上腕を外旋位、
前腕を回外位へ。

片手で重りを持ち
スタート。

重さを感じながらスイングをイメージする

特に前腕には大きな筋肉はないので、フリーウエイトのハンドサイズの重りを持って上腕と前腕の回旋運動を繰り返し、スイングの動作を身につける。

動作中は片手で重りを持ち、上腕と前腕の運動を意識する。フォアハンド・バックハンドともに行い、慣れてきたらランダムにスイングを繰り返しても良い。ヒジを（右）肩の正面に出すことで、シャトルがフォアハンド・バックハンドどちらに来ても最短距離でスイングできるように準備する。具体的なシチュエーションは POINT39 で説明する。

柔軟性
可動域
アップ

動作
身体
キレ

●1RM 50～80％の力加減で5～23回行う
●テンポ/定常
●セット数の目安/ビギナー2～4回、上級者3～5回

基礎的筋力

4 ヒジを伸ばしながら回旋し、振り抜く

最後は親指が下になる。

ヒジを伸ばしながら、スイングする。

3 ヒジの曲げ伸ばしではなく、回旋運動でスイング

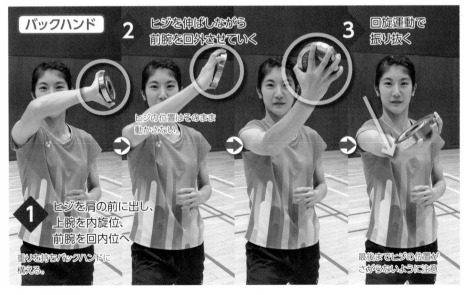

バックハンド

2 ヒジを伸ばしながら前腕を回外させていく

3 回旋運動で振り抜く

ヒジの位置はそのまま動かさない。

1 ヒジを肩の前に出し、上腕を内旋位、前腕を回内位へ

重りを持ちバックハンドに構える。

最後までヒジの位置がさがらないように注意

POINT 21 状況にあった前腕の使い方を理解する

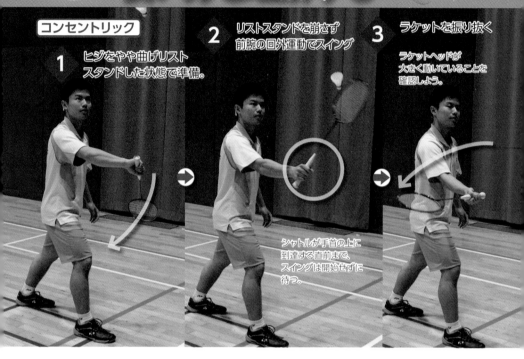

コンセントリック

1 ヒジをやや曲げリストスタンドした状態で準備。

2 リストスタンドを崩さず前腕の回外運動でスイング

3 ラケットを振り抜く

ラケットヘッドが大きく動いていることを確認しよう。

シャトルが手首の上に到達する直前まで、スイングは開始せずに待つ。

バックハンドを3段階で打ち分ける

　バックハンドのサイドアームストロークで強打する印象を相手に与える際には、主として上腕の外旋と前腕の回外運動を用いると良い。

　相手が打つシャトルに対し、「すばやくあわせるように対応する」のか、「やや時間があって強打できる」のか、さらに時間的制約もある中で、よりすばやく強打するのかなど、状況にあったスイングを3段階に分けて考えてみると良いだろう。

　第1段階の「コンセントリック」はリストスタンド（手関節を撓屈＋やや背屈）したまま、ほぼ前腕の回外運動のみで打つ。このスイングのさせ方が最も単純でシャトルにあわせやすい。

　第2段階の「エキセントリック→コンセントリック」は、一旦ラケットや前腕が逆方向に動いてから（回内位を経て）スイングする。

　第3段階の「プレローディング」は、回外でスイングするように力を入れた状態でラギングバックを行う。このスイングのさせ方が最も短時間で強いシャトルを打つ方法だ。

＊ラギングバック：末端が後方に遅れる現象

エキセントリック→コンセントリック

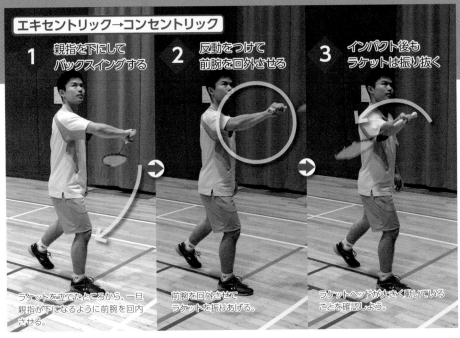

1 親指を下にして
バックスイングする

2 反動をつけて
前腕を回外させる

3 インパクト後も
ラケットは振り抜く

ラケットを立てたところから、一旦
親指が下になるように前腕を回内
させる。

前腕を回外させて
ラケットを振りあげる。

ラケットヘッドが大きく動いている
ことを確認しよう。

プレローディング

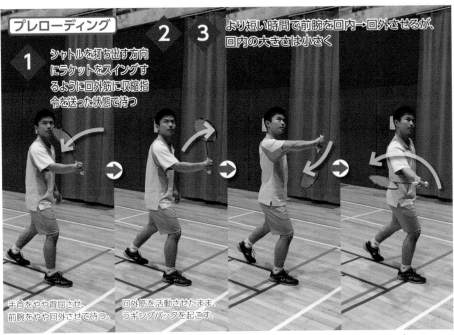

1 シャトルを打ち出す方向
にラケットをスイングす
るように回外筋に収縮指
令を送った状態で待つ

2 3 より短い時間で前腕を回内→回外させるが、
回内の大きさは小さく

手首をやや背屈させ、
前腕をやや回外させて待つ。

回外筋を活動させたまま、
ラギングバックを起こす。

POINT 22 バックハンドの3段階の スイングを強化する

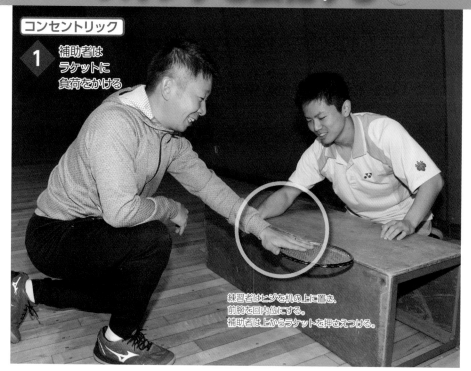

コンセントリック

1 補助者は ラケットに 負荷をかける

練習者はヒジを机の上に置き、 前腕を回内位にする。 補助者は上からラケットを押さえつける。

パートナーの負荷に抗してラケットを動かす

　バックハンドでの3段階のサイドアーム ストロークを強化するために、それぞれの 腕の使い方を意識したスイング強化に取 り組む。

　練習者は前腕の回外運動を行うわけで あるが、補助者の負荷のかけ方によって、 前腕の回外筋の収縮の仕方が変わるとこ ろがポイント。

　コンセントリックでは練習者が回外運 動で力を発揮するように補助する。ラケッ トが5秒間で180°を動くような負荷のか け方を目指そう。

　エキセントリックでは練習者の出力に 抗してラケットを抑える必要がある。ラギ ングバックで引き伸ばされることに耐えら れる性質にしよう。プレローディングで は、短い時間で抑えつけた後に力を緩め るという心配りが求められる。

筋力
持久力
アップ

動作
身体
キレ

最大エキセントリック筋力
●1RM 105〜150％の力加減で1 〜 5回行う
●テンポ/定常
●セット数の目安/ビギナー2〜5回、上級者4〜8回
最大コンセントリック筋力
●1RM80〜100％の力加減で1 〜 8 回行う
●テンポ/ゆっくり力強く
●セット数の目安/ビギナー1〜3回、上級者3〜6回

最大エキセントリック筋力

最大コンセントリック筋力

2 負荷に負けないように
ラケットを起こす

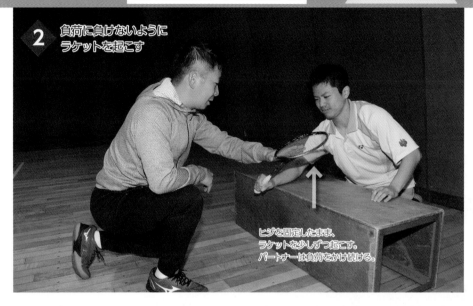

ヒジを固定したまま、
ラケットを少しずつ起こす。
パートナーは負荷をかけ続ける。

3 ラケットが立ったら
振り切る

インパクト地点まできたら
パートナーは力を抜き、
練習者は振り切る。

エキセントリック

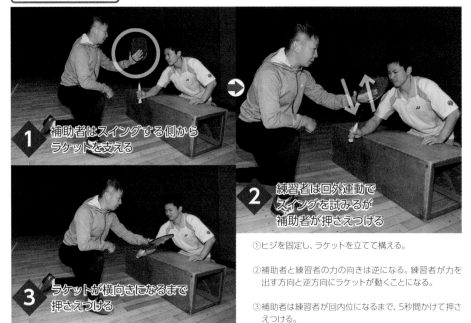

1 補助者はスイングする側から
ラケットを支える

2 練習者は回外運動で
スイングを試みるが
補助者が押さえつける

3 ラケットが横向きになるまで
押さえつける

①ヒジを固定し、ラケットを立てて構える。

②補助者と練習者の力の向きは逆になる。練習者が力を
出す方向と逆方向にラケットが動くことになる。

③補助者は練習者が回内位になるまで、5秒間かけて押さ
えつける。

プレローディング

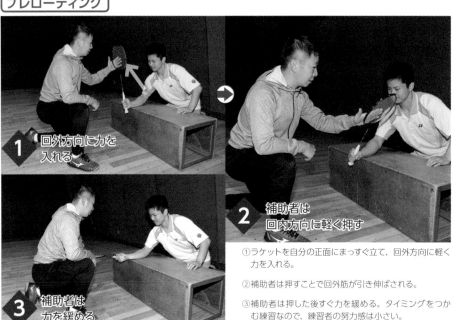

1 回外方向に力を
入れる

2 補助者は
回内方向に軽く押す

3 補助者は
力を緩める

①ラケットを自分の正面にまっすぐ立て、回外方向に軽く
力を入れる。

②補助者は押すことで回外筋が引き伸ばされる。

③補助者は押した後すぐに力を緩める。タイミングをつか
む練習なので、練習者の努力感は小さい。

PART5

トラベリングのための
動作づくり

POINT 23 相手に優位に立つため 先取りの動きをつくる

ラリー中の選手の動き

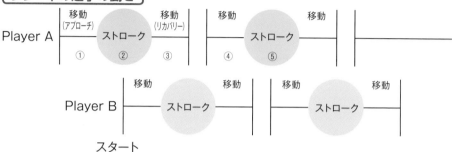

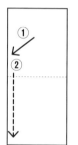

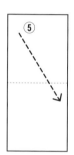

①移動 (アプローチ)
②ストローク
③移動 (リカバリー)
*プレイングセンターへの移動
④移動 (アプローチ)
⑤ストローク

「フットワークを速くしたい」を考える!

「どうしたいの?」「フットワークを速くしたい」そういうやり取りをよく耳にする。シャトルに追いつけない、そこから来る言葉なのだと思われるが、もう少し具体的に考える必要がある。

相手のストロークに対するスタート技術を改善する必要があるのか (①)、ストローク後のリカバリーに課題があり (③) その後のスタートを切れていない (④)、または③と④のつなぎめのステップワーク

が滑らかでないなど、自分の課題を明確にしてみよう。

例えばウォーミングアップやサーキットトレーニングのエクササイズで「バーピージャンプ」を行う際も、その状況を想定しているかどうかでフォームの注意点が変わる。どのようにしたらすばやく立ちあがることができるのか、お尻の筋肉の使い方やヒザの角度までこだわってトライしてみよう。

コツ 1

コアと臀部の筋力アップで
ブレないランジ体勢をつくる

フロントコートでシャトルを打つ直前の動作は、ランジ動作になることが多い。脚には強い衝撃が加わり、それによって身体の軸がブレてしまい、ストロークの正確性を失うことにもつながる。身体を安定させつつも、力強くすばやく脚を踏み出せるような身体の操作性をマスターする。

コツ 2

空中で脚を入れ替えて
基底面を切り替える

シャトルにすばやくアプローチするには、動き出しやすい姿勢でスタートを切る必要がある。そのために、戻りの動きから蹴り出す際の基底面を空中で切り替えるというテクニックが必要になる。進みたい方向に対して身体を向ける「空中での脚の入れ替え」動作をマスターすることで、コートをすばやく動く。

コツ 3

ブレーキングからの
プッシュオフをすばやくする

戻った後の蹴り出しであったり、急ブレーキ後の動き出しでは、身体が流れてしまったり、軸がブレて思うようにシャトルをコントロール出来ないことがある。次の動きをすばやくするために、ブレーキングからの蹴り出し（SSC）のための筋力をトレーニングしたい。

+1 プラスワンアドバイス

前負荷（プレローディング）を
入れて爆発的な1歩目につなぐ

動き出しをすばやくするために、1歩目を踏み出す前の予備動作が大切。相手の返球を予測し、行動につなげるためには、均衡な待ち方ではなく、基底面を切り替えさらに筋に前負荷をかけ（プレローディングし）、すばやく蹴り出す準備をすることがポイントだ。

POINT 24 力強い1歩目の スタートをつくる

筋力
持久力
アップ

動作
身体
キレ

レッグスロー

1 メディシンボールを 両足ではさむ

腹圧を高めた状態で立ち、両足でメディシンボールをはさむ。目線はまっすぐ前に向ける。

2 ヒザを曲げて ジャンプの準備

メディシンボールをはさんだまま、腰を落としてヒザを曲げてジャンプの体勢に入る。

3 ボールをはさんだまま ジャンプする

ボールが落ちないように両足ではさんだまま、その場でジャンプする。

4 両足を前に スイングする

ジャンプの勢いを利用して両足を前にスイング。身体が「く」の字になるように。ピラーは立てたまま。

5 ボールを離して 前方に投げる

両足にはさんだボールをジャンプ頂点で離し、できるだけ遠く前方に飛ばす。目標物を設定するとなお良い。

ボールを前方に飛ばす力をつけ 「動き出し」を強化する

動き出しの1歩をしっかり出すためのトレーニング。足だけでなく、全身の力をタイミングよく使わないと、ボールを遠くに飛ばすことはできない。一瞬の力発揮をマスターしよう。

レッグスロー
●1RM50〜80%の力加減で2〜12回行う
●テンポ/爆発的(切り替えしを鋭く)
●セット数の目安/ビギナー1〜4回、上級者2〜6回

シシリースクワット
●1RM 50〜80%の力加減で5〜23回行う
●テンポ/定常
●セット数の目安/ビギナー2〜4回、上級者3〜5回

爆発的筋力
基礎的筋力

シシリースクワット

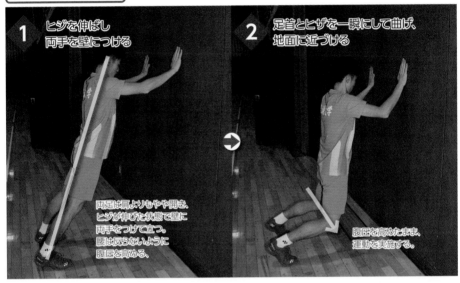

1 ヒジを伸ばし両手を壁につける

両足は肩よりもやや開き、ヒジが伸びた状態で壁に両手をつけて立つ。腰は反らないように腹圧を高める。

2 足首とヒザを一瞬にして曲げ、地面に近づける

腹圧を高めたまま、運動を実施する。

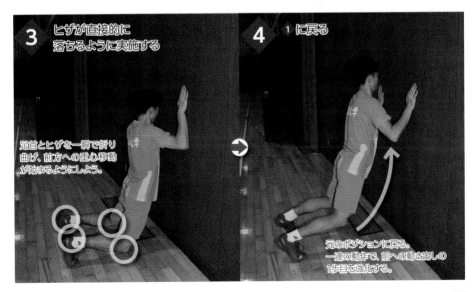

3 ヒザが直接的に落ちるように実施する

足首とヒザを一瞬で折り曲げ、前方への重心移動が始まるようにしよう。

4 **1**に戻る

元のポジションに戻る。一連の動作で、前への動き出しの1歩目を強化する。

POINT 25 高く、すばやく跳べるヒザの角度でジャンプする

1 バーピージャンプ

背中をまっすぐした
状態をキープ

両手、両足を床につけてスタンバイから、
両足を手のほうへ引きつける。

2 カカトを手の
位置まで移動させる

このときのヒザの角度を135
度目安にすること。力強い
ジャンプが可能になる。

スムーズな動作からすばやくジャンプする

　バーピージャンプは、体幹の筋肉を稼
動させつつ、ジャンプ動作も行うトレーニ
ングだが、目的を見失ってしまうと狙った
効果が得られない。

　まず、すばやいジャンプのためには、

太モモの前面と後面を協動的に使うこと
がポイント。そのためのヒザの目安が
135度。ヒザの角度とともに、身体をす
ばやく起こすことも重要である。

筋力
持久力
アップ

動作
身体
キレ

● 1RM50〜80%の力加減で2 〜12回行う
● テンポ/爆発的（切り替えしを鋭く）
● セット数の目安/ビギナー1〜4回、
　上級者2〜6回

爆発的筋力

4 上方に腕を
伸ばして高く跳ぶ

5 着地したら
スタートの体勢に戻る

着地したらすばやくスタートの
体勢に戻り、再び足を引きつけ
てジャンプ。これを繰り返す。

3 ハムストリングで身体を
支え、すばやく立ちあがる

両手を床から離して振りあげ、
真上にジャンプする。
足裏全体でジャンプする
イメージ。

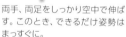

両手、両足をしっかり空中で伸ば
す。このとき、できるだけ姿勢は
まっすぐに。

NG ✕

+1 プラスワンアドバイス
フォームに注意して動作する

引き付けた脚のヒザが曲がっているケースを
よく見る。この状態では、ハムストリングが
使われにくいので、すばやいジャンプはでき
ない。❶の姿勢もヒザが折れ曲がったり、ピ
ラーが崩れないようにしよう。

77

コート上で次の動きにつながる ブレーキ力を身につける

フロントコートでのブレーキング

1 ゴムチューブを 身につけてさがる

補助者は動かず、チューブが 伸びきったところでストップする。

動作
身体
キレ

最大エキセントリック筋力

最大エキセントリック筋力
- 1RM 105〜150%の力加減で1 〜 5回行う
- テンポ/定常
- セット数の目安/ビギナー2〜5回、上級者4〜8回

チューブの伸縮性で加速する。

2 前に出て ブレーキング

おもにラケットフットの 股関節（臀部）で ブレーキをかける。

ゴムの縮む力でオーバースピードを作り出す

　シャトルの落下点に入って打つときやショット後にプレイングセンターに戻るときは、スピーディーな動作が求められる。そこでポイントになるのが、スムーズなブレーキングだ。

　身体にチューブをつけて、ゴムの縮む力を使って戻るときの体感スピードをアップする。しっかり止まることができる下半身と体幹の筋力がないと、身体が流れてピラーが崩れてしまうので注意。

ゴムチューブは市販されている専用のアイテムがある。
自転車のチューブなどでも代用可。

POINT

27

地面からの力を 対側に伝達する

動作
身体
キレ

基礎的筋力

ヒップロック

●まずは正しいフォームで行う
●1RM 50～80%の力加減で5～23回行う
●テンポ/定常
●セット数の目安/ビギナー2～4回、
　上級者3～5回

1 アンバランスな
状態で
軸を保つ

両手にダンベルを
持ち、片方の腕を伸
ばす。その反対側の
太モモをあげる。太
モモをあげたほう
のヒジを軽く曲げ、
ダンベルを顔の横
に置くようにバラン
スをとる。

地面からの力を対側に伝えるためのヒップロック

　ジャンプからの着地後、地面から得た
エネルギーを移動のためのエネルギーに
余すことなく変換するために、股関節の
ヒップロック（共収縮）が重要である。

　結果的に対側の骨盤を引き上げる力と
なり、スムーズに次の一歩を前に出せるだ
ろう。ジャンプ後に地面から得た運動の
エネルギーをストロークプロダクションと
して使う際にも同様に必要な役割を果た
す。

79

POINT 28 コアと臀部の筋力アップで ブレないランジ体勢をつくる

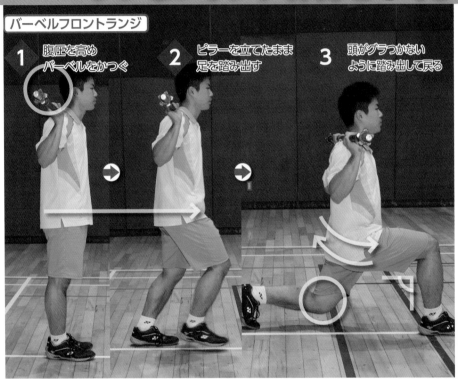

バーベルフロントランジ

1 腹圧を高め バーベルをかつぐ

2 ピラーを立てたまま 足を踏み出す

3 頭がグラつかない ように踏み出して戻る

①バーベルをかついで、肩幅程度に足を開いて前を向く。

②目線は前方をキープしたまま、足を踏み込む。

③前足の踏み込みと同時に後ろ足のSSCも利用して戻る。

低い姿勢の動作力をアップする

目線をぶらさないでショットに対応するためには、軸足の使い方に意識を向ける必要がある。ランジは、足を前後に開いた姿勢で股関節やヒザ関節の曲げ伸ばしを行うエクササイズ。

踏み出す方向を定めたり、水平に脚を出すために重要なのは、ノンラケットフットのヒザの曲がり具合である。

フォームが定着したら、最大コンセントリック筋力や爆発的筋力のトレーニングにもなる。

バーベルフロントレンジ
- 1RM 50〜80%の力加減で5 〜 23回行う
- テンポ/定常
- セット数の目安/ビギナー2〜4回、上級者3〜5回
足を動かす
- 1RM 40〜70%の力加減で10 〜 40回行う
- テンポ/素早く
- セット数の目安/ビギナー2〜4回、上級者3〜5回

筋力
持久力
アップ

動作
身体
キレ

筋持久力
基礎的筋力

踏み出した足を動かす

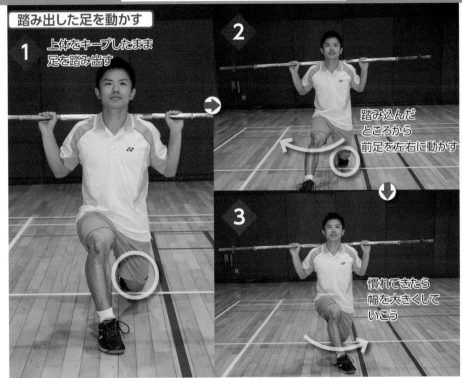

1 上体をキープしたまま
足を踏み出す

2 踏み込んだ
ところから
前足を左右に動かす

3 慣れてきたら
幅を大きくして
いこう

①左ページと同じように目線は前方を
キープしたまま、足を踏み込む。

②前に出した足を開くように横方向
へすばやく動かす。このときピ
ラーが崩れないよう注意。

③今度は閉じるように反対方向に足
を動かす。姿勢に戻る。

軸足を中心に左右に足を動かす

　低い姿勢になったとき、相手ショットに
対して「あと一歩」の踏み込みができるかで、
結果がかわってくる。それを可能にするの
が、股関節の柔らかさと踏み込みの速さだ。
前に出した足をすばやく動かし、トレーニ
ングする。足と胸の向きを同じにしよう。

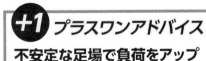 **プラスワンアドバイス**

不安定な足場で負荷をアップ

踏み込み位置にバラン
スディスクを置くことで
負荷をアップ。身体全体
がぐらつかないように
足を着こう。

POINT 29 両脚を使い 戻りをはやくする

1 シャトルの落下点に すばやく入る

シャトルの落下点を見極めて、フォア奥へ移動する

2 力強いスイングのために 下半身を安定させる

フォアハンド側の足を踏み込み、脚を大きく開いてスイングする。ヒザとつま先の向きを同じにする。

軸足の股関節を内旋させて反動を利用する

　フォアハンド側のコートコーナーにきたショット（フォア奥）は、足を大きくサイドに踏み出した状態で対応する。

　ここからすばやくプレイングセンターに戻るためには、ショット時の重心と足の動きを意識することが大事。

　足を踏み込みピラーを立てストローク

を行った後、軸足の股関節を内旋してみよう。

　筋が引き伸ばされて外旋のための力が生み出されるのがわかる。この力を移動のための力として使いたい。

動作
身体
キレ

●1RM50〜80%の力加減で
　2〜12回行う
●テンポ/爆発的（切り替えしを鋭く）
●セット数の目安/ビギナー1〜4回、
　上級者2〜6回

爆発的筋力

3 太モモと臀部で支え
軸足の股関節を内旋させる

重心を体の中心に置き、スイング直後に
股関節〜ヒザを内側に入れる。

4 両脚の反動を使い、
すばやく移動する

軸足のSSCも移動に使う。

コツ
1

NG ✕

重心が身体の中心にないと
次の動作が遅れてしまう

スイングしたとき、身体が前に突っ込んで
重心が体の中心にないと、股関節まわりの
筋肉に力が入らない。踏み込んだ側の足が
支えきれず、戻るときの反動が使えなく
なってしまう。

POINT 30 空中で足を入れ替えて 方向を変える

動作
身体
キレ

プライオメトリック

爆発的筋力

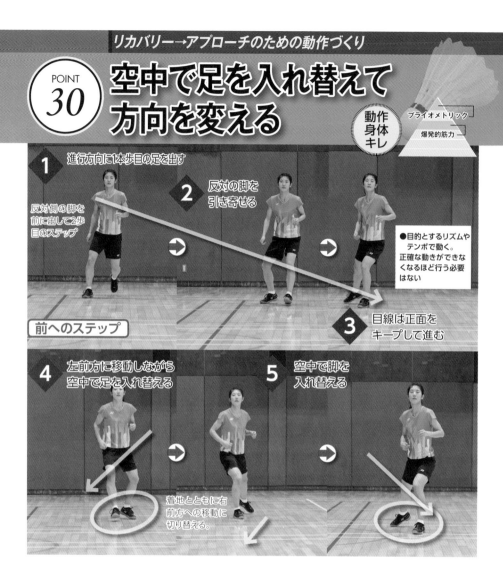

1 進行方向に1本歩目の足を出す

反対側の脚を前に出して2歩目のステップ

2 反対の脚を引き寄せる

●目的とするリズムやテンポで動く。正確な動きができなくなるほど行う必要はない

前へのステップ

3 目線は正面をキープして進む

4 左前方に移動しながら空中で足を入れ替える

着地とともに右前方への移動に切り替える。

5 空中で脚を入れ替える

ラリー中の基底面の切り替えを意識する

　ラリー中は、切れ目のない動作の移り変わりの中で基底面を巧みに入れ替え、スタートが遅れないようにしなければ相手のショットに対応できない。日頃から、リカバリー→アプローチの基底面の切り替えを意識した動作づくりに取り組む。

　まずは前方向に進む簡単なステップで、基底面の切り替えを身につける。慣れてきたらツーステップ（2歩）やスリーステップ（3歩）を織り交ぜながら実施してみよう。後進のステップも同様に行う。

あらゆるシチュエーションでステップワークを磨く

目印を置いてステップ

●目的とするリズムやテンポで動く。
正確な動きができなくなるほど行う必要はない

動作
身体
キレ

プライオメトリック
爆発的筋力

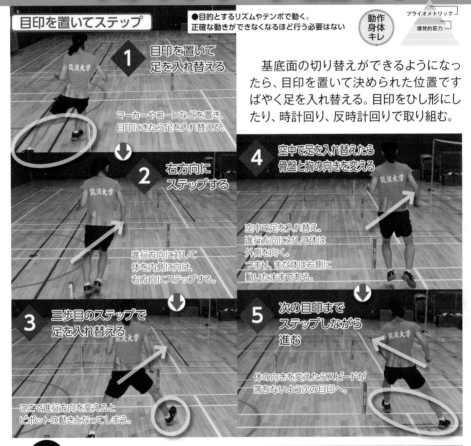

1 目印を置いて足を入れ替える

マーカーやコーンなどを置き、目印にきたら足を入れ替える。

2 右方向にステップする

進行方向に対して体を内側に向け、右方向にステップする。

3 三歩目のステップで足を入れ替える

ここで進行方向を変えるとピボットの動きとなってしまう。

4 空中で足を入れ替えたら骨盤と胸の向きを変える

空中で足を入れ替え、進行方向に対して体は外側を向く。つまり、まだ体は右側に動いたままである。

5 次の目印までステップしながら進む

体の向きを変えたらスピードが落ちないよう次の目印へ。

基底面の切り替えができるようになったら、目印を置いて決められた位置ですばやく足を入れ替える。目印をひし形にしたり、時計回り、反時計回りで取り組む。

+1 プラスワンアドバイス

プレイングセンターという考え方

バドミントンでは、常にコート中央に戻るわけではない。状況に応じてコート前方であったり、右側であったり戻る位置が変わる。こうした次のプレイのために戻る場所をプレイングセンターと呼ぶ。

爆発的筋力

- 1RM50〜80%の力加減で2〜12回行う
- テンポ/爆発的（切り替えしを鋭く）
- セット数の目安/ビギナー1〜4回、上級者2〜6回

プレイングセンターに戻った後、すばやく出るためのブレーキングの練習。チューブを使って負荷を高めよう。

リカバリー後のブレーキング（RM → CM）

1 ゴムチューブをつけて跳びつく

補助者は動かず、踏ん張る。

2 アプローチ後はチューブの伸縮性で戻りやすい

いつでも蹴りだせるように重心を上下動させない。

プレイングセンターに戻ってブレーキング・プッシュオフ。

リカバリー後のブレーキング（LM → CM）

1 ゴムチューブをつけて爆発的にアプローチ

補助者は動かず、ゴムの伸びに耐える。

2 跳び出した後はすばやくリカバリー

横方向に戻りながら体が流れないようブレーキをかける。

POINT *32* 相手を観察し次の動作をすばやく準備する

LF → RR の基底面の切り替え

1 ネット際をバックハンドで打つ

足を踏み込み、シャトルに体を寄せて打つ。

2 踏み込んだ足で止まり目線をあげる

踏み込んだ足と軸足で体を支え、目線を相手コートに向ける。

3 後ろ足を引いて準備する

相手ショットが後方にくることを想定して準備する。サークル中央を通過して後方へステップ

4 コート後方に向かって動く

読み通り相手ショットが後方にきたら、すばやく動き出す。

動作身体キレ　戦術判断力スキル

プライオメトリック

●目的とするリズムやテンポで動く。正確な動きができなくなるほど行う必要はない

姿勢と目線を意識して動き続ける

　どんなにすばらしいショットが打てても、シャトルに追いつかなければ返球できない。また相手ショットで一度体勢を崩されてしまうと、仮に返したとしても、次ショットで簡単に決められてしまう。

　バドミントンのゲームを制する上でも、フットワークは欠かせない要素。特にシングルスプレイヤーは、相手の狙いを読みつつ、実際に打ち出される可能性のある、あらゆる方向に対応しなければならない。

　そのためには、リカバリーとアプローチのつなぎ目がポイントになる。打ったらプレイングセンターに移動し、相手の狙いを読みつつ、いつでも適切なタイミングで次の動作に入れるよう準備する。体勢が崩されてしまった結果ピラーが倒れると、相手コートの状況を把握するための視野を確保できない。姿勢と目線も常に意識しよう。

LM → RR の基底面の切り替え

1 相手ショットに動き出せる体勢で待つ

2 バックハンド側のショットに対応する

3 前後に動き出せる準備をする

4 基底面を切り替えコート後方に向かって動く

5 すばやく落下点に入る

6 タイミングを合わせてジャンプ

7 着地とともに前に移動する

ショットしていないときは、相手コートの状況や狙いを見極めるために、想定される相手の打点へすばやく目線を移す。相手の狙いが絞れるときは、移動しやすい方向に積極的に基底面を切り替えても良い。相手の狙いが絞り切れないときは、どちらにも対応できるようにしながら、相手のショット後にすばやく反応すれば良い。

PART6

ゲーム中の
動作を高める

POINT 33 身体のメカニズムを理解し技術や戦術と結びつける

弱点を練習で克服する

「コート後方でフォアハンドを打つと、どうしても戻るのが遅くなってしまう」という選手に対して、「体力がない」という理由で走らせたり、ノックだけで改善しようとしても、なかなか上手くいかないもの。

もちろん、ベースになる基礎体力は大事な部分だが、多くは技術的な問題を抱えている。ここでいう技術とは「打つ技術」と「動く技術」であり、練習では2つのアプローチがある。

技術というと、ショットやスイングのし方に注目しがちだが、打つ前の動作や打った後の動作である"動きのつなぎ"部分の課題をクリアしないと、無駄な動きにつながったり、有利に試合を進めにくい。

実際は動作時に、何に着目すれば、よりスムーズに動けるようになるか理解することがポイント。安定したコアを維持しながら、意識をするポイントを頭で理解し、トレーニングの中で反復していくことで弱点を克服し、自分の強みに変えていく。

自分のウィークポイントを知り
明確な解決法で取り組む

まず自分がどのような場面でポイントを失うことが多いのか、バドミントン選手として「体力」「技術」「メンタル」の何が劣っているか、冷静に分析する。そこから弱点を克服するための練習に取り組む。内容は、課題に対して明確な解決方法を持って取り組むことが大事。

身体的な特徴を
理解してプレーにつなぐ

手や足の長い選手は、ダイナミックで強いストロークを打てる可能性があるが、どうしても小回りが利かないこともある。低いシャトルに対しても手が長いため、楽をしてヒザを曲げず手だけで打ち返してしまう。トレーニングでは、ヒザを曲げていくようなドリルで改善していく。

つなぎ目を意識して
プレー全体の質をあげる

ショットとショットとのつなぎ目である「打って移動する」ことと、「移動して打つ」ことは、結果としてつながっている。打つことだけに着目していると動きのつなぎがおろそかになり、連続性が低下する。プレーとプレーをつなぐ動きを重視し、プレーの融合をはかる。

動作のメカニズムを
頭で理解して練習に取り組む

戻りが遅い理由として、重心や足の位置関係の問題なのか、身体の使い方の問題なのか等を分析することが大切。メカニズムを理解していないと、ただノックで厳しいところにシャトルを出してもらう練習だけでは解決しない。

POINT 34 身体の軸を安定させて動作する

フロントスロー

1 ツマ先を正面に向けて立つ

壁と向き合い、メディシンボールを持って構える。

2 胸部を捻った状態でヒザを曲げてスクワットの姿勢をとる

ヒザとツマ先を正面に向けたまま、左股関節で壁を作るようにしてしゃがむ

3 起きあがる反動でボールをリリースする

しゃがんだ後は、静止することなく、曲げて伸ばす運動の切り返しを意識しながら起きあがる。

コアの捻りとスクワットで投げる

　スタート時の構えでは、ヒザを軽く曲げてスクワットに向けた体勢をつくり、実際には、スクワットで起きあがる動作とコアの捻じりによる力でボールを投げる。

　ボールを壁にあてるときは目標物を決め、運動の途中で静止することなく、動作の筋を一気に協働させる。

　側方へのスマッシュに対する方向転換や、ボディへの思いがけぬスマッシュの対応に有効。一連の動作は、シングルスプレイヤー必須のトレーニングだ。

筋力 持久力 アップ	柔軟性 可動域 アップ	動作 身体 キレ

ステップアップ
●1RM 50〜80％の力加減で5 〜 23回行う。
●テンポ/定常
●セット数の目安/ビギナー2〜4回、上級者3〜5回
フロントスロー
●1RM50〜80％の力加減で2 〜12回行う
●テンポ/爆発的（切り替えしを鋭く）
●セット数の目安/ビギナー1〜4回、上級者2〜6回

爆発的筋力
基礎的筋力

ステップアップ

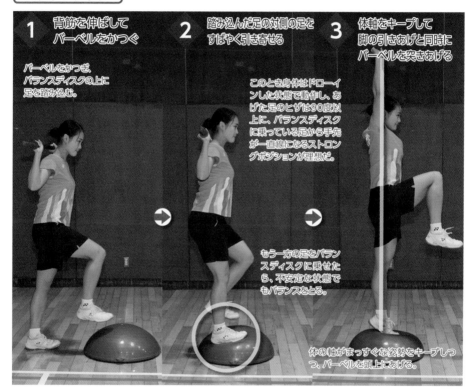

1 背筋を伸ばして
バーベルをかつぐ

バーベルをかつぎ、
バランスディスクの上に
足を踏み込む。

2 踏み込んだ足の対側の足を
すばやく引き寄せる

このとき身体はドローー
インした状態で動作し、あ
げた足のヒザは90度以
上に、バランスディスク
に乗っている足から手先
が一直線になるストロン
グポジションが理想だ。

もう一方の足をバラン
スディスクに乗せた
ら、不安定な状態でも
バランスをとる。

3 体軸をキープして
脚の引きあげと同時に
バーベルを突きあげる

体の軸がまっすぐな姿勢をキープしつ
つ、バーベルを頭上にあげる。

軸足の臀部を固めてバーベルをあげる

理想的なストロングポジション（完成形）をとる
ためには、臀部をしっかり固めて体の軸がブレな
いようにする。

中心軸を意識するとともに、引きあげた脚側の
骨盤を対側よりも高く保つようにしよう。ジャンプ
の踏み切り強化や着地の安定性向上が目的。

NG ✕

POINT
35

着地を先取り
次の動きへつなげる

臀部を協働的に使って身体を支える

リアマンとしてミッドコートバックハンド側でシャトルを打ち、そこからリアマンとしてバックハンド側へ鋭く跳びつけない（ジャンプまたはリープができない）女子選手が多い。筋力が不足していたり、技術的課題もあるだろうが、心理的なものが大きく影響していると考える。

筋力的な課題を解決する前に、技術的なポイントを改善し、心理的なものを取り除くと良いだろう。

1 頭部とコアを
安定させる

2 相手からのリターンに
すばやく対応する

3 ジャンプする際は
コアを安定させる

目線をすばやく
相手側へ向ける

シャトルを追い、
脚を踏み出す

ツマ先を進行方向に向けた方が
脚を大きく運べる

コツ 1

切り返して身体が流れないよう注意

切り返しの場面で身体が流れてしまうと、一歩目が遅くなりシャトルに対して遅れてしまう。コアを安定させ、ピラーが立つ状態をキープしよう。切り返しの際は、利き手側の蹴り出しはもちろん、軸足の近くを振り出し脚が通るようにし、移動しやすい状態にする。

コツ 2

利き腕側の足で踏み切る

このトレーニングでは、より大きな加速を生み出すために、利き腕側の足で強く踏み出そう。ジャンプの初心者は、跳び出した方向にツマ先とヒザを向けると安定感や安心感が出るだろう。目線の上下が大きいとエラーにつながる。

 ヒジを伸ばし、届きにいくのではなく力が入る位置でシャトルを打ちにいく

 空中でシャトルをヒット

 臀部とヒザを使ってコアや頭部がぶれないように着地する

ヒジが伸びると力が入らず、弱い返球しかできない

ヒジを先行させてラケットを振り抜く。

臀部とヒザを使って柔らかく着地する。

POINT 36 爆発的なリープを可能にする着地を練習する

1 2人1組となりチューブを腰に巻く

低い姿勢を保ち、バックハンド側へ移動してチューブの重荷に耐える。

チューブの力を使って着地をトレーニングする

腰にチューブを巻き、補助者の反対側へ負荷に逆らうように移動する。チューブが縮む力を利用して、フォアハンド側へダイナミックに跳び出す。特に女子選手は、自らの脚筋力だけでは滞空時間が短く、技術習得の難易度を抑えるためにも有効な場合がある。

まずは垂直方向へジャンプするために踏み込みを強くし、進行方向側の脚のヒザとモモを高めにあげ、上方向から着地するようにしよう。着地動作に慣れてきたら、水平成分を大きくしたリープにもチャレンジ。リープができると、より短い時間でシャトルにアプローチできる。

動作
身体
キレ

● 1RM 105〜150%の力加減で
　1 〜 5回行う
● テンポ/定常
● セット数の目安/ビギナー2〜5回、
　上級者4〜8回

最大エキセントリック筋力

2 ダイナミックに
飛びつく

3 ダイナミックに
振り抜く

4 着地の勢いを
ヒザの曲げと
臀部で吸収する

逆サイドにステップ移動しながら、
チューブの力を利用して大きく踏み
出す。

高く跳んでスイングし、着地の準備
に入る。補助者は着地の邪魔になら
ないよう十分に注意を。

特に右足のヒザをしっかり曲げ、
臀部で衝撃を吸収する。ピラーは
立てたまま。

➕**1** プラスワンアドバイス

次の動作が遅くなる弱点を克服する

着地時は開脚した状態で、右脚側の臀部とヒザで身体を
支えることが大事。安定した着地から、次の動作にスムー
ズに入るために、できるまでトレーニングする。ジャンプ
に慣れていない選手は、内側の脚を先行して着地してし
まい、運動の勢いを弱めてしまいがち。外側の脚だけで
も着地できるよう、筋力強化をし、不安感を取り除こう。

POINT
37
ラウンドショット後の着地からすばやく動く

1 2人1組となりチューブを腰に巻く

低い姿勢を保ち、フォアハンド側へ移動して負荷に耐える。

力を臀部で吸収してバランスをとる

前ページで解説した「フォアサイドへの爆発的アプローチとストローク」と同じように、腰にチューブをつけて、チューブの伸縮性を利用して逆サイドに移動する。バックハンド側をラウンドザヘッドストロークで打つショットは、フォアハンド側よりも軸の切り替え

が難しいので、着地の難易度もあがる。ショットは、フォアハンドよりも、スイングに関わる運動軸の維持が難しいので要注意。

チューブをつけない状況で習熟度を高めてから、チューブをつけることが望ましいだろう。

●1RM 105〜150%の力加減で
　1 〜 5回行う
●テンポ/定常
●セット数の目安/ビギナー2〜5回、
　上級者4〜8回

最大エキセントリック筋力

2 利き手側と逆の足で踏み切る

3 頭の後ろから振り抜く

4 着地の勢いをヒザの曲げと臀部で吸収する

逆サイドにステップ移動しながら、チューブの力を利用してジャンプする。

空中で左脚を開き、着地の準備に入る。

着地時には、左足のヒザと臀部で運動の勢いを吸収する。右足は次の運動のための第1歩となる。

+1 プラスワンアドバイス
体の中心線より左側でとらえる

ラウンドザヘッドストロークは、頭の周りをラケットが動くわけであるが、前腕や上腕の回旋運動を主運動とし、シャトルを打つ。スイングの方向とシャトルが飛び出す方向が多様になるため、相手はストレートとクロスの判断に迷うことになる。

POINT 38 ストロークの「終わり」と 移動の「始まり」を結びつける

着地したらすぐに前に重心移動する

コート側方にサイドオンジャンプで跳びつき、シャトルをヒットしてそのまま前に出てプッシュする場面。着地時のスキルが足りなければ滑らかな移動はできない。

空中でもピラーを保ち、着地時に重心の位置や頭部の上下動がないことが求められる。またその後の正確なストロークのためにも、目線がブレないことやピラーを立てることは必須だ。

 1 空中の最適な位置でシャトルをとらえる

 2 空中でスイングし脚を開いて着地に入る

 3 外に流れないよう右足で止まる

サイドオンジャンプでスマッシュを打つ。

着地前には空中で両脚（特に右側）を広げ、ブレーキをかける準備をする。

外への勢いに流されないよう、右足で踏ん張りつつ、ヒザを柔らかく着地する。

コツ **1**

流れないようブレーキをかけ すばやく前に踏み出す

ジャンプ後は、脚を開いた状態で股関節を柔軟に使って着地する。そうすることでジャンプ時の力を吸収しつつ、外側の足は、体の軸が流れてしまわないようブレーキ役を果たし、内側の足は、前にいくための推進力となる、すばやい一歩目となる。

コツ **2**

前に進みながら シャトルへ爆発的に近づく

頭や腰が上下動しないように、カカトから力強く踏み込み力強くプッシュを打つ。最後まで目線が大きく上下しないよう注意。

4 スムーズに重心を 前方へ移動する

5 左足で強く 蹴りだす

6 強く踏み込み プッシュを打つ

着地時の内側の足を すばやく前方へ出す。

目線がぶれないように。

カカトから力強く踏み込み プッシュを打つ。

上腕と前腕の回旋を意識し スピーディーに打つ

上腕と前腕を回旋させて力強い球を打つ

　プッシュやドライブなど、ネット際のショットは、ラケットに当てるのではなく、狙った位置に強く打ち返すことも、ときには大切。弱い返球しかないと分かると、相手につめられる。

　ヒジを身体の前に出し、上腕と前腕を相手側へ回旋させることで、ラケットからシャトルへ大きな運動の勢いが伝わる。フォアハンドは上腕の内旋と前腕の回内、バックハンドは上腕の外旋と前腕の回外でラケットを振る。

　どちらも大振りすることなく、コンパクトなスイングで、すばやく腕を回旋させて相手コートへ打つ技術が求められる。

| フォアハンド |

 1 ラケットを立てて
上体を起こして構える

 2 ヒジは体の
前方をキープ

 3 ヒジを伸ばしながら
上腕と前腕の回旋で
シャトルを打つ

ヒジを前に出し、相手のショットに対応する準備をする。

「上腕の外旋と前腕の回外」から、「上腕の内旋と前腕の回内」に切り替えて強打する。

コツ 1

シャトルを待つときは
ヒジを身体の前に出す

ヒジが身体の横にあると、予想と外れた
シャトルへの対応が遅れる。ヒジを身体
の前方でキープし、飛来するシャトルに
合わせて、差し込まれそうになった際は
ステップバック。手前に落下すると判断
したときは、前方に飛びついてヒットし
よう。

コツ 2

求められるのは
窮屈な状態からの強打

大事なことは、フォアハンドかバックハ
ンドか判断の迷うような、窮屈な位置か
らコンパクトにスイングし、強打ができ
ること。そのためには、ヒジを身体の前
方に位置させ、上腕と前腕の回旋運動を
主運動としシャトルを打つ。

バックハンド

 フォアでもバックでも
打てるように準備

 ヒジは体の
前方をキープ

 ヒジを伸ばしながら上腕と
前腕の回旋でシャトルを打つ

ヒジを前に出し、相手のショットに
対応する準備をする。

「上腕の内旋と前腕の回内」から、
「上腕の外旋と前腕の回外」に
切り替えて強打する。

POINT 40 ラリーを意識しながら足を動かす

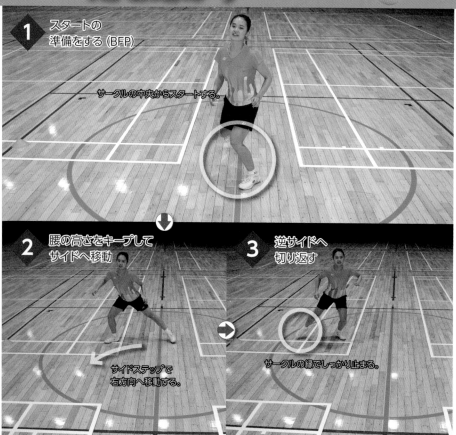

1 スタートの準備をする (BFP)

サークルの中央からスタートする。

2 腰の高さをキープしてサイドへ移動

サイドステップで右方向へ移動する。

3 逆サイドへ切り返す

サークルの縁でしっかり止まる。

前後左右へすばやく動く

基底面の切り替えを意識するステップワークのトレーニング。サークルの中央を起点にして左右前後に移動する。

動作中は頭の位置と腰の高さを一定にし、サイドステップを駆使して、サークル内を移動することがポイント。中央への戻り際ですばやく基底面を切り替える。まずは能動的に動く中で自在に基底面を変えてみよう。慣れてきたらパートナーの指示に対し、受動的に動き出す。

動作
身体
キレ

●目的とするリズムやテンポで動く。
正確な動きができなくなるほど行う必要はない

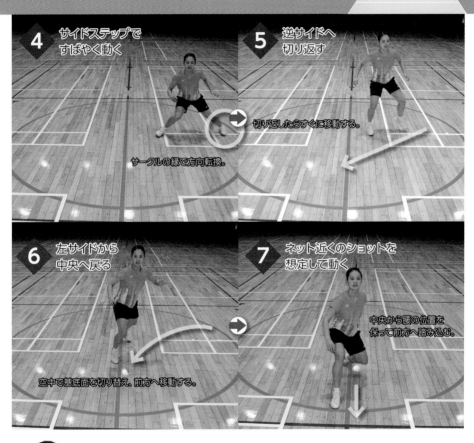

4 サイドステップで
すばやく動く

サークルの縁で方向転換。

5 逆サイドへ
切り返す

切り返したらすぐに移動する。

6 左サイドから
中央へ戻る

空中で基底面を切り替え、前方へ移動する。

7 ネット近くのショットを
想定して動く

中央から腰の位置を
保って前方へ踏み込む。

+1 プラスワンアドバイス
パートナーの出す指示に反応する

規則正しいステップに慣れてきたら難易度をアップする。パートナーがランダムに出す指示に対し、すばやく反応する。パートナーはゲーム中のラリーを意識して、選手が動いた直後のタイミングにあわせて、次の動作の指示を出す。

狭い空間で打ちながらアジリティを強化する

POINT 41

小さいコートで1対1の打ち合い

通常のシングルスコートよりも小さいスペースで1対1の打ち合い練習を行う。

スペースが小さいので、そのなかで相手を動かし、いかに逆をつくショットが打てるかがポイント。ラリーで相手に方向転換をさせたり、ウラをついて自分が決めにいく展開に持ち込む。

ラリーを優位に運ぶために、ステップワークを駆使してシャトルに対し、すばやい対応をとることも大切だ。

ポジショニングは常にプレーイングセンターを意識し、「打ったら、戻る」を繰り返すが、コートが小さいため、単純にコート中央に位置するのではなく、相手の体勢と返球方向を先取りした上で、ベストのポジショニングができるよう考える。

決めにいくショットにしても、より精度の高いコントロールが求められる。狙ったところに確実にシャトルを落とし、沈められるようなスキルも練習を通じて身につけていく。

POINT
42

アジリティを強化しながら戦術パターンを理解する

小さいコートで1対2の打ち合い

　通常のシングルスコートよりも小さいスペースで、1対2の対人練習を行う。トレーニングのテーマは敏捷性のアップと戦術眼のスキルアップだ。

　2人が入るコートサイドは、ラリーをつなぐことに重さを置きながらも、相手選手を走らせたり、逆をつくようなショットを織り交ぜる。

　一方の1人でラリーする選手は、アジリティー強化をはかりつつ、2人がポジショニングする狭いコートでスキを探し、効果的なショットを打ち込む。

　ラリー中は頭のなかでシナリオを考え、コンタクトの仕方（シャトルの回転）も工夫する。相手がサイドバイサイドなら「2人の間や死角を狙う」、トップアンドバックなら「身体から離れたところや近いところで狙いどころを探る」など、返球しながらチャンスをうかがい、ポイントをとりに行く。

　そのためにはプレーイングセンターを意識しつつ、シャトルにくらいついていく技術（ステップワーク）と体力（アジリティ）が必要になる。

POINT 43 根拠のある球出しで実戦的な練習をする

目的にあったノック練習でスキルアップ

フィーダーから放たれたシャトルをオンコートで打つノックは、ステップワークやリターン精度を高めるのに最適な練習法だ。

フィーダーは練習の目的にあわせて、ラケットで打ったり、手で投げて状況を作り出すことが大事。

実際のシングルスゲームでは、10秒間のラリーでの平均打数は10打程度。すなわち1人が打つ回数は5回程度となる。したがって、それ以上の回数とい

うのは、実際のゲームよりはテンポが速いのだ、ということをコーチは理解しておく必要がある。つまり、シングルスを想定したゲームライクなフィーディングは10秒に5回ほどであるが、アジリティ強化のためにはもう少しテンポを速くしても良いだろう。目的やシチュエーションを明確にした練習が大事である。

シゴキのような感覚でコーチが自己満足に陥るようなノック練習は、避けなければならない。

コツ 1

ステップワークを駆使しながら
ストロークの正確性を高める

ノック練習では、似たような位置からシャトルが打ち出されることが多い。再現性の高い練習で、ステップワークのスキルを高めよう。よりゲームに近い状況を考えた場合には、ステップワークだけでなくストロークの正確性を高める意識も持ちたい。

コツ 2

試合で使われる特徴的な
配球を身体で覚えることもできる

シングルス、ダブルスゲームで出現頻度の高い定石の配球パターンをノックで体感できる。また、ノックの回数を増やしていく中で、対戦相手の攻めるパターンを身体で覚えることもできる。打った後にどのように動き出せば、次のショットで優位に立てるかなど、実戦を想定する。

コツ 3

フィーダーは意図を持った
シャトルを出す

フィーダーはいたずらにテンポを上げるのではなく、練習の目的に沿ったシャトルを打ち出す。拾えるタイミングであるかやその精度はもちろん、選手が動く時間に対して何球を打ち出せばよいかなど計算しながらフィードしたい。

+1 プラスワンアドバイス

練習中のデータを
フィードバックする

ノックを受けているときも他の練習と同様、心拍数や消費カロリーなどをチェックする。「何セット目で足が動かなくなった」「心拍数がこれぐらいだと身体が動く」などコンディションや身体の変化を把握することで、練習プログラムの立案や体調管理に役立てる。

Column

プレーとプレーのつながりを意識して練習する

「バックハンドが苦手」な選手が、バックハンドの練習を重点的に行った結果、ある程度打てるようになったとしよう。しかし、実際の試合でバックハンドを打つシーンには、さまざまなシチュエーションがあることを理解しなければならない。

例えばバックハンドを打つ前に大きく後ろに振られたり、バックハンド後に逆サイドに走らされるケースもある。そのような状況で精度の高いバックハンドが打てるのか、打った後にすばやく移動して次のショットに対応できるか。プレーとプレーのつながりも意識して、ひとつの練習が成り立つ。

バックハンド自体のスキルを高めるということは、その前後のつながりを意識するということで、そうでなければ試合でポイントを奪うことから遠い練習になってしまう。

これは練習する本人に限ったことでなく、シャトルをフィードする指導者、あるいはラリーを打ち合う練習パートナーも意識するポイントで、全員の理解が練習のクオリティーを高める。

PART7

トレーニングの質をあげる
コンディショニング

POINT
44

用意周到に準備し
練習成果を試合で出す

選手が安心して試合にのぞめる環境をつくる

本番の試合で最高のパフォーマンスを発揮するために何が重要か。普段の練習のことではなく、大会（試合）という特別な舞台でのコンディショニングについて解説する。

もちろん試合だからと特別なことをする必要はない。普段どおりできるなら、それに越したことはない。そう考えると試合を様々な形で事前にシミュレーションしておく必要がある。全てのスケジュールを頭に入れて行動計画を立て、どこでどう練習し、どのように動くか、用意周到な準備がアクシデントへの対応やとっさのひらめきにも対応できる。

普段通りでいい、とはいえコンディションを高めるテクニックや注意点はたくさんあ

る。生活環境の変化をシミュレーションしたとしても、例えば普段使っている枕をホテルに持ち込めるときと、持ち込めないときがある。些細なことであるが、集中力をそがれる選手も当然ながら、いることを知っておきたい。

また、重要なエネルギー源であるグリコーゲンの貯蔵量を増やすことなどは、科学的アプローチの代表例であり、こうしたことも可能な限り取り入れたい。

指導者目線としては、莫大なストレスにさらされる選手への配慮は欠かせない。プレッシャーへの向き合い方を含めて、メンタルの充実に向けたアプローチを行っていきたい。

コツ 1

大会期間中は体重の増減や練習量と強度の増減に注意する

特に海外での試合は、生活環境が大きく変化する。栄養をどのように補うか、睡眠は十分取れるのか。大会期間中に体重が大幅に変化することは避けたいし、トップコンディションを維持するために、適切な練習を継続することを心がけたい。また大会期間中は個々の選手でスケジュールが異なるため、個別の対応を心がける。

コツ 2

プレッシャーとの向き合い方を整理しておく

「プレッシャーに負けました」という言い訳が出てくることがある。いくつかのパターンが考えられるが、そもそもプレッシャーを引き受けておらず、プレッシャーを感じることのない練習を続けた結果、試合で緊張に押しつぶされてしまったケースであれば、プレッシャーを引き受けるところから着手すべき。おのずから練習の水準が変わってくる。

コツ 3

ストレスへの配慮

大会期間中に避けられるストレスは避けたい。元オリンピック選手を対象にした調査で、オリンピック前に急に親戚が増えたことが、ストレスであったという結果を目にしたことがある。つまり「チケットを取ってくれとか」「どうやって行けばよいのか?」などの問い合わせが増える、という。チームで対処できる環境作りを行いたい。

+1 プラスワンアドバイス

環境の変化に備える

私たちはシャトルのイン・アウトの判断情報を自分の感覚器からの入力情報だけでなく、周囲の環境からも得ている。ライトの位置や天井の高さ、審判の位置などである。筑波大学では、コートと壁の距離が近いため、無意識のうちに壁の威圧感によりコート後方に下がるスピードが遅くなっていることがある。これらは大会前に克服しておき、試合が始まる前にそれぞれの"コートの感じ"を把握しておきたい。

POINT 45
目標を設定して中期的に期分けで取り組む

一年を期分けしてピークパフォーマンスを狙って作る

筑波大学バドミントン部では、年間に行われる大会のどこに焦点を当てるかを検討し、トレーニングメニューを策定している。基本的には10月に行われるインカレと11～12月のオールジャパンを最大の目標として、選手の力がピークになるよう調整し、ここ数年、実績をあげている。

これはジュニア世代、中高生なども参考にできる考え方で、年間スケジュールのなかでいかに目標に向け、コンディションをピークに持っていくかがポイント。下級生でスキル不足な選手は、最上級生となる最後の大会に向けた長いスパンで計画を立てる必要もある。

しかし長期スパンで取り組もうとすると、目標に対して達成度を把握できず、モチベーションが維持できないこともある。

また、年間を通した試合の数が多く、準備期と試合期を分けることが難しくなったことから、「ブロックピリオダイゼーション」という考え方も出てきて、注目されている。

POINT 46 目的に到達できるトレーニングプログラムは1つではない

計画を立てながらも必要に応じたプログラムを考える

　例えば日本代表のようなトップ選手は、毎週のように試合があるので、準備のための期間を設定しづらく、より計画が難しい。

　トレーニングプログラムに関しては、有酸素的な能力を鍛えるトレーニングと乳酸系のトレーニング、スピード系のトレーニングといった分類ができるが、トレーニング効果がどれぐらい続くのかなども踏まえて計画を立てたい。

　例えば有酸素系のトレーニングは、その効果が続く期間が約1ケ月といわれる。スピード系のものは5日間ぐらいしか持続しないといわれ、スピード系のトレーニングを先にやってしまうと、大事な試合に、その効果が表れない。そのため有酸素系のトレーニングを先に行い、最後にスピード系のトレーニングを行う方法が推奨される場合もある。

　一方、選手個人のイメージもあるので、有酸素系のトレーニングで「調子がでない」「動きが鈍い」というときは、悪いイメージを取り除く意味でも、スピード系のトレーニングを少しずつ入れていくなど工夫が必要になる。

POINT 47 最大の目標に向けて チーム全体でコンディションをあげる

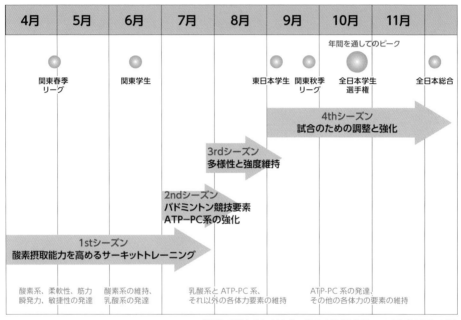

4月	5月	6月	7月	8月	9月	10月	11月

関東春季リーグ　関東学生　東日本学生　関東秋季リーグ　年間を通してのピーク　全日本学生選手権　全日本総合

4thシーズン
試合のための調整と強化

3rdシーズン
多様性と強度維持

2ndシーズン
バドミントン競技要素
ATP−PC系の強化

1stシーズン
酸素摂取能力を高めるサーキットトレーニング

酸素系、柔軟性、筋力、瞬発力、敏捷性の発達　　酸素系の維持、乳酸系の発達　　乳酸系とATP-PC系、それ以外の各体力要素の維持　　ATP-PC系の発達、その他の各体力の要素の維持

選手と出場大会によりプログラムと時期は異なってくる〈2015年の例〉

大学のトレーニング計画をチェック

このページでは、筑波大学バドミントン部のトレーニング計画を見ていく(2015年の例)。ここで提示しているものは、3月頃に修正したプログラムで、スタートが4月、終わりを12月としている。科学的根拠を背景としながらも、チームの風土や選手の到達度など様々な要因によって骨組みが変わる。

同じ計画が続くわけではなく、また同じ取り組みが続くわけでもないところも面白く、現場のコーチングの醍醐味だ。こうした試行錯誤を含めた積み重ねが、近年のバドミントン部の実績として表れている。

コツ 1

1st シーズン
（4〜7月）

すべての動きのベースとなる酸素摂取能力を高めるトレーニングを進める。スプリントや前後ジャンプ、ジャックナイフ、ツイストステップ、12.2m ダッシュ（方向転換）、左右リープなど、バドミントンの試合に必要な運動の各要素を総合的に伸ばす。

コツ 2

2nd シーズン
（7・8月）

この期はトレーニングに多様性を持たせて、より高いレベルを目指す。運動に必要な基礎的な筋力や持久力、酸素摂取能力を向上させつつ、バドミントンに求められる爆発的な動きをトレーニング。ラテラルジャンプや壁ジャンプ、床タッチ、スタージャンプ、フットワークなどを行う。

コツ 3

3rd シーズン
（8月初旬〜9月中旬）

最大の目標の1つインカレに向けての取り組みが細かくなる時期。短いスパンでほかの大会も入ってくるので調整が難しい。大会中など試合だけで終わってしまう日はトレーニング不足な状況に陥らないため、試合後にトレーニングを行うなど工夫する。

コツ 4

4th シーズン
（9月〜）

全日本インカレの出場権をかけて戦う東日本インカレが終わった後、長期間で戦う秋のリーグ戦、最大の目標である全日本インカレにのぞむ。当然ながら、年間計画は個人で異なるため、これらをベースとしながらも、国際大会を並行して戦うには、さらに複雑なプログラムを用意する。

パフォーマンスを発揮するために エネルギーをしっかりとる

POINT 48

食事と水分補給、十分な睡眠で身体の土台をつくる

身体づくりのベースとなるのは適切な食事と休養をしっかりとることである。

食事は栄養バランスのとれた内容にし、成長段階に応じた量を摂取することにより、トレーニングに対応できる必要なエネルギーを蓄えることができる。

トレーニングの合間に身体を休める時間をつくることや、十分な睡眠時間を確保することは、疲労回復促進やパフォーマンス発揮に大きく関わる要素になる。

しかしながら一方で、大事な試合前は「寝れなくて当たり前」という考え方も持ちたい。プレッシャーで寝れないこともざらにある。そんな状況も想定内にしたい。

コツ 1

朝・昼・夕の一日三食の食事は
栄養バランスを考慮する

栄養バランスのとれた食事は、エネルギーとなる炭水化物、骨や筋肉などをつくるたんぱく質、身体の土台をつくる脂質、体の調整機能を担うビタミン・ミネラルという、5大栄養素を意識する。野菜は特に色味の濃いものを摂りたい。

コツ 2

捕食を積極的に取り入れて
エネルギーをチャージする

三食以外に補食（間食）を取り入れることも重要。練習への集中力促進やパフォーマンス向上と、疲労回復のためにより多くのエネルギーが必要になるからだ。筑波大学では、補食におにぎりとカルシウム、ビタミンDを摂取している。

コツ 3

水分を適宜取り入れ
動ける身体にしておく

水分は喉が渇く前に、こまめにとること。水分は体内機能を潤滑にし、躍動感溢れる動きや、しなやかな動作のためには欠かせない。発汗では水分とミネラルが失われるので、両方を補う。冬場であっても、適度な水分摂取は必須。

コツ 4

質の良い睡眠時間を
十分に確保する

睡眠は疲労回復やケガ予防、筋や骨の発育、健康体の維持に必要な要素だ。睡眠時間を十分に確保することと、就寝前にある程度時間をあけて消化の良い食事を摂り、質の良い睡眠を心がけることが大切である。睡眠もトレーニングの一部だという高い意識を持とう。

POINT 49 選手が主体性を持って バドミントンに取り組む

マインドセットがチームを強くも弱くもする

マインドセットとは、「その人が当たり前だと考える水準」。この水準が低いと、これくらいでいいかな?と思う練習量や練習の厳しさも低いわけだから、当然強くはなれない。

筑波大学のバドミントン部では，大学建学の理念であったり，クラブのあり方のようなものを常に考えて、自分たちのマインドセットを客観的にとらえようとすることが多くある。「そもそも何のために勝つのか?」であったり、「自分たちの存在意義は?」といったことである。ここが土台としてしっかりと形成されないと、自分の感情との戦いだけになってしまい、結局は強くなれないばかりか人間的成長にもつながりにくい。

クラブという組織の中で活動する時に大事なことは、「主体性」を持つということである。「自主性」が決められたことを率先して動いてすばやくやる、ということであるのに対し、「主体性」は今自分がどうすべきかを考え、自分が考えた効果が出るように行動すること。つまり、こうすることがチームをより良くするために、大事であろうと考え自ら行動することだ。チーム作りに大事なポイントを見てみよう。

コツ 1

学びの場である
ということを忘れない

指導者も学ばないといけないが、選手も学ぶ姿勢が大事だ。特に教育機関に在籍することのメリットはたくさんあるはず。自己評価が高すぎて周りからの評価をおそれ、心のコップを閉ざしてしまっては、成長の機会をつぶしてしまう。

コツ 2

勝つことの大義
(重要な意義) を決める

「何のために勝つの」「勝ちたいから」「勝ったらどうなるの?」「・・・・・」自分が勝つことによって、または自分たちが勝つことによって、何が生み出されるのか考えてみよう。そこが明確になると、頑張りどころで踏ん張れる強いメンタルが養われる。

コツ 3

選手が主体性を持つ

バドミントンで最も大切なことは相手と一緒にプレイすること。相手の存在が自分に気づきを与えてくれる。ノックで球を出す人との関係性も大事だし、対人で打ち合う相手との関係性も重要。自らの内面から、チームに良い影響を与えたい。そのためにどう行動すればよいか、を考えられる主体性を育みたい。

+1 プラスワンアドバイス

バドミントン活動を
通して人間力を育む

試合で勝つということは目標や夢であり、バドミントンをする目的はもっと他にある。私たちはバドミントンによって育てられた部分が大きい。これからはバドミントンをしていると、より良い人間になれる!そういう競技にバドミントンを育てていく必要がある。

POINT 50 積極的回復を一連のプログラムに入れる

トレーニング後は積極的なリカバリーに取り組む

試合や練習後には、様々な方法で血流を促進させることがポイント。運動後のストレッチは、激しい運動により短縮してしまった筋肉の長さを元に戻し、新しい可動域を脳が把握するといった再プログラミングの意味で重要。また、ストレッチには精神的な緊張をやわらげるなど、心身のコンディションづくりにもつながるといわれている。

フォームローラー（ストレッチポール）では、筋の圧迫による神経のリラクゼーション、血行の促進を期待したい。今回

はいくつかの部位での実施方法を紹介するが、バドミントンにより凝り固まったあらゆる部位にローラーを押し当て実施できる。部位が小さい場合には、テニスボールやゴルフボールなどを代用することもできる。

1人では行いづらい受動的回復は、ロープやローラーなどを活用して行うとともに、温浴と冷浴を交互に行う交代浴も、血流を促進させるために積極的に活用したい。

フクラハギのストレッチ

足にロープを巻き付け、ツマ先をスネに
近づける。可動域の最後で息を吐きなが
ら、ゆっくりロープを引き寄せ、2つ数え
ながら、保持する。

ハムストリングの
柔軟性の向上

ロープを引きながら、脚全体を持ちあげ
る。自らの大腿部前面の筋を収縮させ
て、胸方向に寄せる。可動域の最後で、息
を吐きながらゆっくりロープを引き寄せ、
2つ数えながら、保持する。

内転筋群のストレッチ

ストレッチする側の手でロープを保持し、
片脚を真上から外側に倒す。ツマ先は頭
方向を向いたまま、できるだけ床方向に
近づける。

さらに脚を広げる

抵抗感を感じたところで、ロープを軽く引
き、さらに脚が広がるようにする。

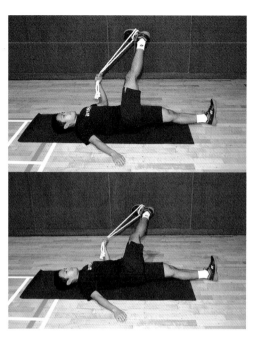

大臀筋や腸腰靭帯の
柔軟性の向上

真上から脚を倒す。背中が床から離れないようにし、可能な限り脚を床に近づける。

抵抗感を感じたら、息を吐きながら2秒間ロープを引いて、ストレッチを補助する。動かさない側の足のツマ先は上を向いたままにする。

大腿前面、腸腰筋のストレッチ

ストレッチする側の脚を自らの力で引きあげる。

ヒザをあげてロープをさらに強く引く。2つ数えながら保持する。

両手と片脚で
身体を支える

ストレッチポールを太モモ外側の下に置
き、横向きに寝る。

筋膜を刺激して
マッサージする

ヒザ横から股関節まで、太モモ外側の筋
全体に圧迫が加わるように身体を動か
す。（太モモ外側の圧迫）

ストレッチポールを
背中に当てる

仰向けになりストレッチポールを背中に
置く。

ヒザの曲げ伸ばしにより
ストレッチポールを転がす

腹圧を高めたまま、肩から腰背部までロー
ラーを転がすようにし、圧をかける。

著者プロフィール

吹田真士（すいたまさし）
筑波大学バドミントン部総監督
筑波大学体育系助教

バドミントン選手の競技力向上のためのトレーニングやコンディショニングについての研究を行い、その成果を筑波大学バドミントン部の指導にもフィードバック。運動生理学や解剖学をはじめとするスポーツ医科学に裏付けられたフィジカルトレーニングをもとに、バドミントンに必要とされる肉体的な強さを導き出す。

コーチングスタッフやメディカルスタッフの助けを借りながら先駆的な取り組みを行い、大学バドミントン界で常に上位となるチームへと導いた。

良いバドミントンの普及と指導者の育成、選手強化をライフワークと考え、教育・研究はもちろん、社会貢献活動にも力を注いでいる。

日本バドミントン協会普及指導開発部部員、公認コーチ4、コーチエデュケーター、日本バドミントン学会理事

筑波大学バドミントン部

同部は学生生活を通じてバドミントン文化に参加し、競技力向上を図るのみでなく、文化としての深い価値に気づき、将来を担い、それらを形成・発展する能力を養うことを活動指針としている。

バドミントンの強化や普及、運営の能力を鍛えるとともに、バドミントンの科学的な解析にも努める。常にスタンダードを高くもち、日本一そして世界を目標に日々活動している。

2005年、2006年、2014～2018年のインカレ女子団体優勝。2005年世界学生女子ダブルス準優勝。2015年、2017年ユニバーシアード女子ダブルス銅メダル他、数々の大会で好成績を残す。

[参考文献]

Jake Downey, David Brodie : Get Fit for Badminton, Pelham Books, 1980
Bo Omosegaard : Physical training for badminton, International Badminton Federation, 1996
阿部一佳・渡辺雅弘著：バドミントンの指導理論1，日本バドミントン指導者連盟発行，2008
加藤幸司：バドミントンの試合中の移動についての事例研究：大学生女子選手のシングルス・ゲームについて，慶應義塾大学体育研究所，2019
千野謙太郎ほか：一流バドミントン選手の形態特性：シングルス選手とダブルス選手の比較，Journal on Internal Medicine and Pharmacology，2019

バドミントン　勝利につながる「体づくり」 競技力向上トレーニング

2020年3月20日　第1版・第1刷発行

著　者　吹田真士（すいた まさし）
発行者　株式会社メイツユニバーサルコンテンツ
　　　　（旧社名：メイツ出版株式会社）
　　　　代表者　三渡　治
　　　　〒102-0093 東京都千代田区平河町一丁目1-8
　　　　TEL：03-5276-3050（編集・営業）
　　　　　　　 03-5276-3052（注文専用）
　　　　FAX：03-5276-3105
印　刷　三松堂株式会社

◎『メイツ出版』は当社の商標です。